Research on Major Issues of Scientific and Technological Innovation Supporting Rural Revitalization Strategy

科技创新支撑
乡村振兴战略重大问题研究

王涛◎编著

中国农业大学出版社
China Agricultural University Press
·北 京·

内容简介

团队围绕党的十九大报告提出的实施乡村振兴战略和推进农业农村现代化的需求，按照“产业兴旺、生态宜居、乡风文明、治理有效、生活富裕”的总体要求，对今后一个时期农业农村科技创新支撑乡村振兴战略的重大问题进行了研究。根据农业农村现代化的目标导向，提出了对农业农村现代化的科技需求判断；对农业农村科技工作进行了国际比较分析；提出了新时代我国农业农村科技发展的“四梁八柱”；分析了新时代农业农村科技工作战略方针、战略任务和实现路径；研究了农业农村科技发展重点方向以及科技支撑乡村振兴战略的政策建议等。研究成果为研制国家“十三五”农业农村科技创新规划奠定了扎实的基础。

本书根据以上研究成果编写，还结合近年来国际农业科技的重大进展和政府政策，分析提出了我国未来农业技术的发展方向和对应策略。

图书在版编目(CIP)数据

科技创新支撑乡村振兴战略重大问题研究 / 王涛编著．--北京：中国农业大学出版社，2023.6

ISBN 978-7-5655-2993-1

Ⅰ.①科… Ⅱ.①王… Ⅲ.①技术革新—作用—农村经济建设—经济发展战略—研究—中国 Ⅳ.①F323

中国国家版本馆 CIP 数据核字(2023)第 101708 号

书　　名 科技创新支撑乡村振兴战略重大问题研究
KEJI CHUANGXIN ZHICHENG XIANGCUN ZHENXING ZHANLUE ZHONGDA WENTI YANJIU

作　　者 王　涛　编著

策划编辑 何美文　　**责任编辑** 何美文
封面设计 李尘工作室
出版发行 中国农业大学出版社
社　　址 北京市海淀区圆明园西路 2 号　　**邮政编码** 100193
电　　话 发行部 010-62733489，1190　　读者服务部 010-62732336
编辑部 010-62732617，2618　　出　版　部 010-62733440
网　　址 http://www.caupress.cn　　**E-mail** cbsszs@cau.edu.cn
经　　销 新华书店
印　　刷 涿州市星河印刷有限公司
版　　次 2023 年 7 月第 1 版　　2023 年 7 月第 1 次印刷
规　　格 170 mm×240 mm　　16 开本　　10 印张　　185 千字
定　　价 31.00 元

序

2017年11月，我们团队承担了科技部科技创新战略研究专项“科技创新支撑乡村振兴战略重大问题研究”，主要围绕党的十九大报告提出的乡村振兴战略和推进农业农村现代化的需求，按照“产业兴旺、生态宜居、乡风文明、治理有效、生活富裕”的总体要求，针对农业农村发展不充分不平衡、农业科技创新动力不足、科技成果转化应用滞后等重大问题，系统开展科技创新支撑乡村振兴战略的重大问题研究，为新时代农业农村科技创新工作提供战略决策，为国家科学制定乡村振兴规划、使全国乡村振兴战略实施有明确的目标和正确的指引提供战略基础支撑。

本人作为科技部“十三五”农业农村科技规划组组长，与团队一道，系统开展了农业农村现代化科技国际比较和合作，新时代乡村振兴愿景和科技需求，我国农业农村科技工作“四梁八柱”结构和功能，新时代农业农村科技工作战略方针、战略任务和实现路径，农业科技发展重点方向，农村现代化科技重点方向，科技支撑乡村振兴战略的政策创新等七个方面的研究工作，为顺利完成科技部“十三五”科技规划任务奠定了扎实基础。

步入“十四五”后，本人作为“十四五”中长期科技部农业农村科技规划组副组长，继续开展农业农村科技战略研究工作，特别是运用系统思维和系统工程理论和方法，对农业农村科技服务农业农村现代化工作有了一些新的认识。美国《生物技术与生物制造法案》的公布，对我国未来农业发展提出了新的战略方向，这些思想将对我国农业农村科技发展发挥指引作用。

王　涛

2023年4月

目 录

第一章

绪　论

一、研究目的

围绕党的十九大报告中提出的乡村振兴战略和推进农业农村现代化的需求，按照“产业兴旺、生态宜居、乡风文明、治理有效、生活富裕”的总体要求，针对农业农村发展不充分不平衡、农业科技创新动力不足、科技成果转化应用滞后等重大问题，系统开展科技创新支撑乡村振兴战略的重大问题研究，为新时代农业农村科技创新工作提供战略决策，为国家科学制定乡村振兴规划、使全国乡村振兴战略实施有明确的目标和正确的指引提供战略基础支撑。

二、研究内容

1. 新时代乡村振兴愿景和科技需求研究

根据党的十九大提出的到2035年基本实现社会主义现代化、到21世纪中叶建成富强民主文明和谐美丽的社会主义现代化强国的战略部署，在“中国要强农业必须强，中国要美农村必须美，中国要富农民必须富”重要思想的指导下，基于未来社会经济发展的大趋势、大规律，城乡关系的基本规律，农业发展规律，乡村发展规律及趋势的研究，对新时代中国特色的乡村振兴愿景进行分析预测。深刻理解“产业兴旺、生态宜居、乡风文明、治理有效、生活富裕”总要求，深刻理解农业农村现代化的发展路径和实现方式，深刻理解建设现代农业产业体系、生产体系和经营体系的科技需求，深刻理解农业农村发展已步入政治、经济、文化、社会、生态文明整体建设新阶段。重点围绕突出加快农业转型升级，加大培育农业农村发展新动能；突出绿色循环发展，构建人与自然和谐共生的乡村发展格局；突出乡风文明建设，大力繁荣发展农村文化；突出加强基层基础工作，健全乡村治理体系；突出提高保障和改善农村民生水平，系统分析农业农村科技工作的主要矛盾，全面研究提出乡村振兴的科技创新新特点、新需求。

2. 我国农业农村科技工作“四梁八柱”结构和功能研究

实施乡村振兴战略，创新驱动是核心动力。进一步提升科技创新能力，需要构建完善中国特色农业农村科技工作体系，即农业农村科技工作的“四梁八柱”。本课题针对我国农业农村科技整体上创新驱动发展的能力仍显薄弱的问题，以习近平新时代中国特色社会主义思想为根本遵循，依据创新、协调、绿色、开放、共享发展理念，研究建立新时代农业农村科技创新发展的理论体系；从创新主体、创新基地、创新体制、创新生态等方面开展系统研究，提出中国特色农业农村科技工作“四梁八柱”的基本结构、功能和主要结构要素之间的关系，构建符合我国农业农村科技发展规律，结构完整、创新高效、功能完善、运行顺畅的中国特色现代农业农村科技创新体系，形成创新驱动发展的实践载体、制度安排和环境保障，为乡村振兴战略提供持续科技支撑。

3. 新时代农业农村科技工作战略方针、战略任务和实现路径研究

面向2035年和21世纪中叶的国家发展目标，解决最大的不平衡是城乡发展的不平衡、最大的不充分是农村发展的不充分的现实矛盾，农业农村科技工作使命光荣、任务艰巨，农业农村科技工作务必明确中长期发展的战略方针、战略任务和实现方式。本研究根据发展导向和问题导向，结合现有工作基础，提出符合广大人民群众，特别是能满足广大农民对美好生活需要的中长期农业农村科技工作战略方针、战略任务和实现路径，勾画农业农村科技工作的发展蓝图。

4. 农业科技发展重点方向研究

面向世界农业农村科技竞争前沿，面向国家农业农村发展重大战略需求，面向实施乡村振兴战略的主战场，特别是针对创新能力不足的问题，研究明确重点领域支撑乡村振兴战略实施的科技工作重点。以深入推进农业供给侧结构性改革为主线，加快推进农业转型升级，重点围绕国家粮食安全和主要农产品质量提升，研究提升农业综合效益和竞争力科技攻关方向；围绕人民群众对高质量农产品的需求，研究农产品生产、加工、储运、销售全产业链发展技术发展方向；围绕绿色可持续发展，研究乡村一二三产业融合和循环农业发展，绿色生态新产业新业态发展，以及防治土壤污染、水体污染、草原退化等环境突出问题的科技发展方向；研究区域关键农业产业发展技术需求和技术创新方向。

5. 农村现代化科技重点方向研究

农村现代化短板突出，认真调查研究不同地区、不同发展阶段和特点的农村地区的科技需求，根据“产业兴旺、生活宜居、乡风文明、治理有效、生活富裕”要求，提出整体性、系统性科技解决方案，重点研究农村生活现代化，特别是农村生产生活能源稳定供给、现代乡村住房与生活设施设计、农村现代物流与交通、现代乡村教育医疗卫生等需求方向；研究农村绿色可持续发展需求，特别是秸秆、粪便、污水等资源化能源化利用，乡村美丽田园与生态系统保护等技术需求；研究农村治理现代化的技术需求，特别是互联网背景下，民主管理现代化的技术产品需求方向。在系统研究的基础上，科学确立乡村振兴中的科技创新方向、突出重点与明确发展优先序。

6. 农业农村现代化科技国际比较和合作研究

实现农业农村现代化，依靠党的坚强领导，需要政策、科技、投入的全面系统支撑，同时也需要借鉴国外发达国家成功的经验。本研究在分析我国农业现代化发展历程和实践的基础上，全面分析发达国家农业现代化进程中农业农村科技发展的方式，创新的演化规律，特别是高新技术创新发展的经验，通过比较分析，提出适应国情的技术发展方向；并根据国家开放发展战略，依据国家合作需要，研究提出农业农村科技工作参与国家“一带一路”倡议的路径和方式。

7. 科技支撑乡村振兴战略的政策创新研究

基于乡村振兴战略的科技需求，在新时代农业农村科技创新体系框架下，围绕支撑乡村振兴战略的科技发展重点，深入分析乡村振兴中制约科技创新与推广应用的体制机制瓶颈和关键点，研究提出乡村振兴战略实施的科技组织形式与管理机制、科技服务机制、政策创新和实施办法，建立符合乡村振兴战略要求、发挥制度优势、全国一盘棋的中国特色科技制度和政策体系。

三、研究方法

1. 文献资料分析法

收集政府部门、科研机构和专家学者的研究文献、专著或报告成果，对以往关于乡村发展观念、安全战略、保障措施、技术途径等资料进行总结与归纳研究，提炼有价值的研究思路，为项目研究提供理论基础。

2. 实地调查研究法

通过制定详细的调研方案，在我国主要农业类型区，选择有典型代表性的村镇进行产业、生活、乡风、生态、治理等方面的实地调研，获取关键的第一手数据，了解实际需求。

3. 数据模型分析法

对于实地调查和有关部门统计及文献收集来的各类数据，采取科学的计量和统计方法，对数据进行科学分析评价。

4. 专家学者咨询法

邀请国内乡村建设及科技创新相关的部门、研究机构和企业的专家学者等，使参与人员专业尽量涉足多领域、跨学科，采取会议研讨的方式，针对项目的研究方案和研究成果进行“头脑风暴”式的研讨与评估，为完善项目研究成果提供智力保障(郭立群，2018)。

第二章

农业农村现代化科技需求认识

一、农业农村现代化与农业农村科技现代化

实现农业现代化一直是党和国家的奋斗目标。1954年第一届全国人民代表大会就提出实现农业现代化的发展任务(四个现代化之一),一直到第十四届全国人民代表大会,四个现代化一直是党和国家的发展任务,其中农业现代化发展任务一直没有变,其他三个现代化随着经济社会发展进步不断有调整。党和国家一直把实现农业现代化作为农业工作的发展目标。

党的十九大报告中提出实施乡村振兴战略,明确指出乡村振兴的总目标是实现农业农村现代化,总要求是“产业兴旺、生态宜居、乡风文明、治理有效、农民富裕”。本研究认为,新时代加快推进农业农村现代化是新中国成立以来农业现代化实践的接续,是我国经济社会发展的必然要求,实现四个现代化,农业是短板格局依然存在,需要加快步伐,加快科技赋能。实现农业农村科技现代化是加快实现农业农村现代化的基础和前提条件。

农业现代化和农村现代化一并提出是党的十九大报告首次明确的发展任务。农业现代化不能全部包括农村现代化的内涵,农业农村现代化是一个整体,包含农业现代化、农村现代化和两个现代化的融合发展状态,农业现代化和农村现代化相互支撑、相互依赖、相互促进。农业现代化侧重农业生产方式和农业国际竞争力,农村现代化侧重农民的生活方式、生态环境,以及农村治理水平、治理能力。农业农村现代化既是结果,也是实践进程。

从世界农业现代化发展进程看,农业现代化进程是科技武装农业的过程,是工业武装农业的过程,是认识农业生产规律和按规律办事的实践,是工业技术和产品与农业生产过程的融合。农村现代化进程与我国经济社会发展水平密不可分,长期的城乡二元结构导致的城乡发展差距大,既包括生活质量和治

理水平，也包括人的发展水平和能力。农村现代化同样需要科技帮助提高富裕水平和生活质量，需要科技建设高质量的宜居环境，需要科技丰富发展农耕文明，需要科技提升亿万农民的道德素质，需要科技提高治理能力。

农业农村现代化和农业农村科技现代化是一个有机整体，农村科技现代化是动能，是马达，是力量源泉。如何加快提升创新能力，为现代化提供源源不断的新动能，是农业农村科技工作的使命和担当。

实现农业农村科技现代化是今后一个阶段国家发展的重点任务，农业农村科技现代化包括创新理论的现代化、发展能力和装备的现代化、创新队伍的现代化，以及成果和转化应用的现代化等内容，是农业农村现代化的组成部分和重要标志。

中国农业农村现代化和农业农村科技现代化与发达国家的现代化有着根本的不同。发达国家的农业农村现代化基本上是和工业现代化的串联，由市场和效率推动；我国的现代化是党的宗旨所决定的，是在党的领导下，围绕全体人民共同富裕目标推动的。同时，实现十几亿人规模的现代化，其难度和复杂程度比发达国家高得多。

二、农业农村现代化科技需求

（一）农业现代化科技需求

农业现代化是农业强国的标志，农业科技现代化是农业大国向农业强国转变的根本动力。农业现代化是一个复杂的系统，主要由产业体系现代化、生产体系现代化、经营体系现代化和管理体系现代化组成，是以上“四个现代化”的总和。我国现代化的目标是由我国的基本国情和农情所决定的，农业现代化的结果或者标志主要体现在：一是确保国家粮食安全和主要农产品供给；二是增强农业国际竞争力，特别是科技贡献率步入世界前列；三是实现农业可持续发展，资源高效利用、绿色发展、生态宜居。

保障国家粮食安全和大宗农产品有效供给需要建设现代化的产业体系，也即现代化的产业链和供应链，要加快推进产业体系科技发展。产业体系科技发展的主要任务是科学布局粮食和大宗农产品产能区划，确保粮食安全和大宗农产品有效供给；加快推进一二三产业融合发展，建设高质量产业链和供应链，加快食品科技创新，不断拓展农业产业的外延功能，保障人民群众高质量生活需求；提升农业可持续发展能力、国际竞争力，实现产业链和供应链绿色化，着力推动农业永续发展。

保障国家粮食安全和大宗农产品有效供给需要建设现代化的生产体系，要加快推进农业生产体系科技发展。核心任务是加快科技创新和成果推广，实现先进科学技术、产品和农业生产全过程相融合，提高土地产出率、劳动生产率和资源利用率，使之达到国际先进水平。生产体系科技发展的主要任务是增强对农业生命规律和生产规律的认识，实现生产的科学化；加快推动农业与生命科学、信息技术、航天卫星技术、材料技术、人工智能技术等高新技术的融合发展，加快推动不同学科、不同领域思想和技术的融合，提升农业科技创新力，特别是推动育种技术的新品种设计、培育、评审的智能化、精准化和高效化；加快推动用工业技术武装农业，建设现代农业装备技术产品体系，实现农业作业高质量全程机械化，发展智能农业、工厂化农业，提升农产品市场保障能力。

保障国家粮食安全和大宗农产品有效供给需要建设现代化的经营体系，要加快经营体系科技发展。要着力发展和支持新型经济组织管理、农业服务业管理的物联网、车联网等信息技术，以及数字技术产品创新；推动生产、分配、流通、消费全要素的大数据管理决策平台技术和产品创新。

保障国家粮食安全和大宗农产品有效供给需要建设现代化的管理体系科技发展，要加快推动农业管理科技发展。农业是一个复杂的生命系统，科学管理系统比工业生产管理复杂得多。要加快推动生产、流通、消费大数据科技创新，提高产业管理的科学性；要加快农业生产全过程、全要素，特别是作物—土壤—机械—环境系统的数据采集、算法、智能决策科技创新和产品创制；要加快政府农业管理、预测、决策科技的发展，发展数字化管理平台技术、农业卫星技术、信息反馈决策技术等，以支撑政府农业管理科学决策。

(二)农村现代化科技需求

农村现代化是亿万农民生产、生活、生态的现代化。现代化的核心是人的现代化，农民是现代化的主体，农民的全面发展(包括道德素质、文化修养、教育水平、健康水平、技术能力、经营能力等)是农村现代化的根本目标。

生产、生态方面除农业生产科技外，生态宜居科技是农村科技的重要组成部分。农村美是农村科技的重要任务，生态宜居、农村美的根本标志是山、水、林、田、湖、草、沙得到系统治理。要下大力气抓好生态宜居科技创新，无论是生态资源要素系统治理理论还是工程方法，目前都跟不上发展的需要；要下大力气加快生物质科技与工程创新发展，实现秸秆资源、畜禽粪尿、生活垃圾等资源的能源化、化工化、材料化等高值化利用，做强乡村产业；要下大力气加快乡村规划理论和方法及宜居建筑设计研究的示范推广；要下大力气提升农村信息化技术、物联网技术、数字化技术、电商平台技术等产品研制和推广能力，加强农民教育培训，提升村务管理科学化和治理能力。

针对农村对科技的需求，团队选择河南、山东、江西、湖北、黑龙江和四川等省份，开展了实地调查研究工作，通过访谈、问卷等方式，对农村总体现状、文明程度、生活水平、宜居状况、环境卫生、医疗教育、社会治理等多个方面进行了分析，认为实现乡村现代化任务重难度大，农民生活质量、居住条件、思想道德素质、文化生活、教育医疗供给、人才供给、公共基础设施、环境治理、社会治理等方面和城市相比差距较大，必须加快农村科技创新和供给能力。

（三）提升农业生产全要素效率是农业科技创新的主攻方向

农业生产全要素效率是国际竞争力的主要指标，也是当下我国和农业强国比较差距较大的方面。加快推进农业农村现代化，需要有一个参照系，美国虽是农业强国，但在农业领域也有不少“卡脖子”问题。找到短板，加快补齐短板，解决好农业安全痛点，是农业科技创新的必由之路。

农业农村科技创新务必是目标导向和问题导向的统一。目标导向是实现农业农村现代化，问题导向是目标导向下的关键科学与技术问题，而不是一般的科学技术问题，要聚焦农业农村现代化的关键科学技术创新发展和产品创制推广。发展什么样的农业农村科技是由国情、社情、农情决定的。现阶段，我国作为世界上最大的农产品生产国、消费国和进口国，我国农业大而不强，规模小、成本高、生产效率低和国际竞争力弱的问题仍然突出。我国农业虽体量大，但生产资料基础仍然薄弱，耕地质量不高，粮食总量处在紧平衡状态，提高产能受资源约束大，育种水平和能力不足，大宗农产品质量和发达国家相比差距较大，多而不优现象明显，特别是在消费升级背景下，不能满足人民群众对美好生活日益增长的需要。虽然我国农业连年增产增收，但资源环境的压力也越来越大，土壤退化、过量农药化肥残留累积导致的面源污染等问题还没有得到有效治理，水土流失、地下水超采以及草原退化、荒漠化、沙漠化还没有得到有效缓解，根本出路就是依靠科技创新，转变农业发展方式，提高农业可持续发展能力。

（四）提升农业国际竞争力是农业科技的当务之急

对标农业强国美国，提升国际竞争力是我国农业科技的重点方向，我国粮食价格处在地板和天花板的双重压力。2017 年，国务院发展研究中心农村经济研究部研究员张云泽用详尽的数据对中美农业竞争力进行了较全面的比较分析，主要观点包括：

1. 中国农业生产成本全面高于美国

21 世纪以来，中国农业成本持续上升并全面超过美国，中国农业生产效率和竞争力相对下降。进入 21 世纪特别是中国加入世界贸易组织以来，中国主要农产品成本快速上升，逐步全面、大幅度超过美国。2015 年，中国玉米、稻谷、小麦、大豆、棉花等主要农产品亩均总成本分别为 1 083.72 元、1 202.12 元、984.30 元、674.71 元、2 288.44 元，分别比美国高出 56.05%、20.82%、210.42%、38.44%、222.84%。中国玉米亩均总成本，2015 年较 2001 年增长 230.52%，远高于美国 49.24% 的增幅。中国小麦亩均总成本，2015 年较 2001 年增长了 660.66 元，增幅达到 204.13%，远高于美国 26.47% 的增幅。21 世纪以来，美国稻谷亩均产量一直高于中国。从 2012 年起，中国稻谷亩均总成本超过美国，但差距较小，历年从美国进口稻谷（大米）几近于零。中国大豆亩均总成本，从 2001 年至 2015 年增加 210.10%，远高于美国 35.29% 的增幅。中国棉花亩均产量比美国高 75%，但亩均总成本高出 222.84%。中国棉花进口在 2012 年达到峰值，为 513 万 t。中国农业生产成本高，再加上中国对主要粮食品种实行政策性保护价收购，导致中国农产品价格明显高于美国及国际市场，2015 年，中国每 50 kg 玉米、稻谷、小麦、大豆、棉花平均出售价格分别比美国高出 109.91%、50.89%、98.69%、102.78%、44.57%。这是中国农业竞争力不足的重要体现。

2. 中国农业人工成本、土地成本远高于美国

随着中国劳动力价格不断上涨，2001 年至 2015 年，玉米、稻谷、小麦、大豆、棉花人工成本增幅分别为 256.71%、230.27%、261.57%、172.46%、336.07%，成为推高农业成本的主要因素。2015 年，玉米、稻谷、小麦、大豆、棉花人工成本分别是美国的 14.78 倍、4.11 倍、16.33 倍、8.5 倍、28.23 倍。表明中国劳动生产率远远低于美国，这与中国农业机械化程度相对低的事实相契合。

3. 美国多数农产品物质与服务费用高于中国

美国多数农产品物质与服务费用高于中国，占比六成至八成，表明其资本、技术、服务、机械等是农业生产的主要因素。尽管中国农业成本总体上明显高于美国，但美国多数农产品物质与服务费用却高于中国。美国玉米、稻谷、大豆亩均物质与服务费用分别为 480.86 元、735.43 元、298.91 元，分别比中国高 104.64 元、256.74 元、97.1 元，而中国小麦、棉花亩均物质与服务费用分别比美国高 191.91 元、52.29 元。与中国不同，21 世纪以来，美国主要农作物成本及其构成基本稳定。

张云泽分析认为，中国与美国等农业发达国家相比，在农业资源禀赋、劳动力素质与职业化程度、农业机械化水平、农业科技等方面存在一定差距，以

致农业基础竞争力薄弱。中国农业高成本、低效率、缺乏农业基础竞争力的状况将在一定时期内维持。

中国人均农业基础性资源禀赋相对不足，资源型基础竞争力处于劣势。中国国土面积为960万km^2，略多于美国。2015年，中国耕地为20.25亿亩，美国耕地为23.19亿亩，中国耕地比美国少2.94亿亩。

中国农业劳动力基数过大，劳动力基础竞争力不强。截至2015年，美国农业就业人员数为242.2万。而同期，中国农业就业人员数（第一产业就业人数）为21 919万，其中包括兼业人员。中国这样体量庞大的农业劳动力超过农业需要量，产生大量剩余劳动力，这也是农业劳动力中大部分兼业的原因。

中国农业机械化水平较低，农业机械普及基础较差。世界上农业发达国家的农业机械化水平都比较高。美国不仅早已在粮食作物上而且在棉花、大豆、烟草等品种上实现了耕种收全程机械化。中国农业机械化水平相对较低，耕作环节机械化率相对较高，但播种、收获环节的机械化率较低。2015年，我国农作物耕种收综合机械化率为63.82%，机耕率为80.43%，但机播率和机收率都较低，分别为52.08%和53.40%。机械化作业质量不高是我国农业机械化的短板。

中国农业科技相对落后，科技型基础竞争力欠缺。近几十年来，农业科技创新与应用对中国农业增产与发展居功至伟，化学肥料、优良品种、农业机械、生物技术、设施大棚等推动着中国农业发展进步。中国农业科技在世界上处于较为领先的水平，但与世界上农业发达国家相比，中国在一些基础性、关键技术领域仍有一定的差距。

张云泽还提出了提升中国农业竞争力的对策。一是利用与保护并重，提升农业资源利用效率与可持续发展能力。积极开展农田水利基础设施建设和土地整治工作，夯实农业基础；转变农业增长方式，涵养农业可持续发展能力，保护农业生产能力；引导农村土地经营权有序流转，探索进城落户农民承包地自愿有偿退出机制。二是进一步加快农业劳动力转移，培养职业农民。中国在提高农业劳动生产率和降低农业人工成本方面还有巨大潜力，应进一步转移农业剩余劳动力，培养职业农民。三是全面提高农业机械化水平，推进农机智能化。在农村人口城镇化背景下，在农村土地经营权流转与农业适度规模经营范围扩大的情况下，农业机械化迎来更大的发展空间。应大力发展农业机械，提高农业机械化率，提高农业生产效率；发展农业机械合作与生产服务，提高农业机械利用程度；推进农机智能化。四是提高基础性、关键农业技术研发与应用，不断增强农业科技支撑力量。

未来，农业科技仍然是决定农业现代化和农业竞争力的主要因素，要依靠农业科技创新来提升中国农业基础竞争力。进一步加大农业科技投入，吸引社会资本投资农业科技，补齐科技欠账；加强农业基础性、关键技术以及适用技术的研发；创新农业科研体制机制，积极促进农业科技成果转化，扎实强化农业科技推广与应用；大力培养农业科技人才队伍；不断增强农业科技对现代农业和农业基础竞争力的支撑作用。

张云泽研究员的研究成果丰富了课题组对农业农村科技创新发展的认识。

第三章

农业农村现代化科技国际比较和合作研究

一、国际农业农村科技发展主要指标比较

本研究用 6 个关键指标比较我国与主要发达国家(部分包括发展中国家)农业科技发展现状,从而找出我国农业现代化科技创新的关键弱项。

(一)农业科技投资

2002—2013 年中国农业科学研究与试验发展(R&D)投入变化趋势显示,基础研究和应用研究的投入变化相对平稳,而试验发展研究投入持续上升(图 3-1)。试验发展投入历年均值占到农业 R&D 总体投入的 72.9%,远超基础研究的 5.8%和应用研究的 21.3%,是农业 R&D 投入的主要类型。但是,从 R&D 总体投入来看,中、美两国的差异显而易见(图 3-2),虽然中国政府对农业科技创新的关注度和投入力度都在增加,但其增长速度与发达国家之间的差距还是相当显著的。

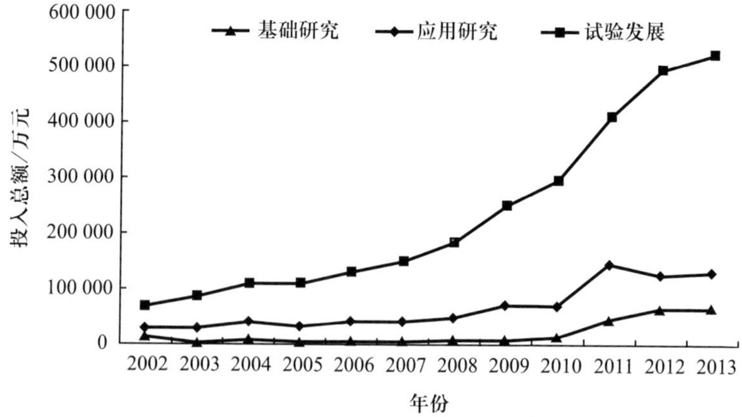

图 3-1 2002—2013 年中国农业 R&D 投入变化趋势

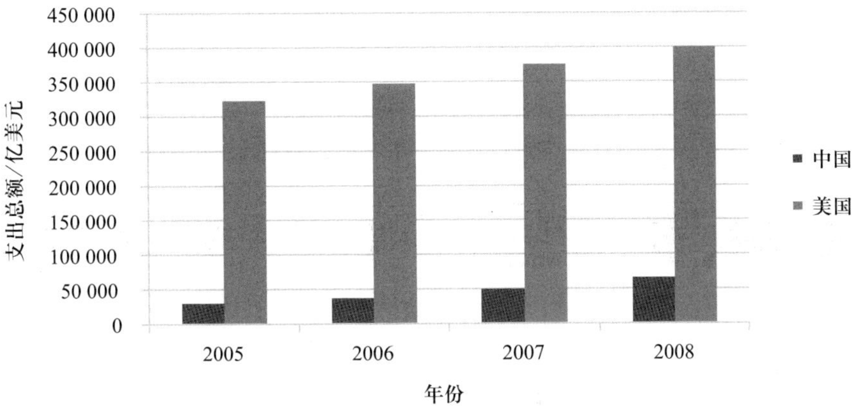

图 3-2　2005—2008 年中、美两国农业总 R&D 支出比较

(二)农业科技投资强度

农业科技投资强度是指某一时期内一个国家或地区农业科技投资占其农业 GDP 的比重，强度越高意味着越重视农业科技投资。与投资总量相比，投资强度更能反映一国对农业科技研发投入的重视程度。表 3-1 表明，尽管自进入 21 世纪以来，我国农业科技投资强度在不断上升，从 2002 年的 0.37%上升到 2017 年的 0.77%，增长了 0.4 个百分点；但我国的农业科技投资强度不仅远远低于同期的美国、日本、以色列等发达国家，后者一般在 3%～5%，在进入 21 世纪以后，其绝对增长速度仍高于我国。2017 年，我国 0.77%的投资强度甚至低于全球的平均水平(1.7%)，高出我国 1 个百分点。即使与亚洲和南美洲的发展中国家相比，我国的农业科技投资强度也较低(图 3-3)。

表 3-1　农业科技投资强度的国际比较　%

国别	2002 年	2003 年	2004 年	2005 年	2006 年	2007 年	2012 年	2017 年
中国	0.37	0.39	0.44	0.49	0.51	0.54	0.65	0.77
美国	3.15	3.12	3.28	3.53	3.82	—	—	>4.5
日本	3.40	3.62	—	3.86	>4	—	—	—
以色列	3.95	—	4.20	4.32	4.30	—	—	—

数据来源：由各年度农业科技投资额、各年度农业 GDP 产值计算获得。

(三)私人资本投资

农业与其他经济部门之间的比较劣势以及较强食物安全要求和生态环境外部性，导致公共资本(主要是政府财政)在农业科技投资中常常占有十分重

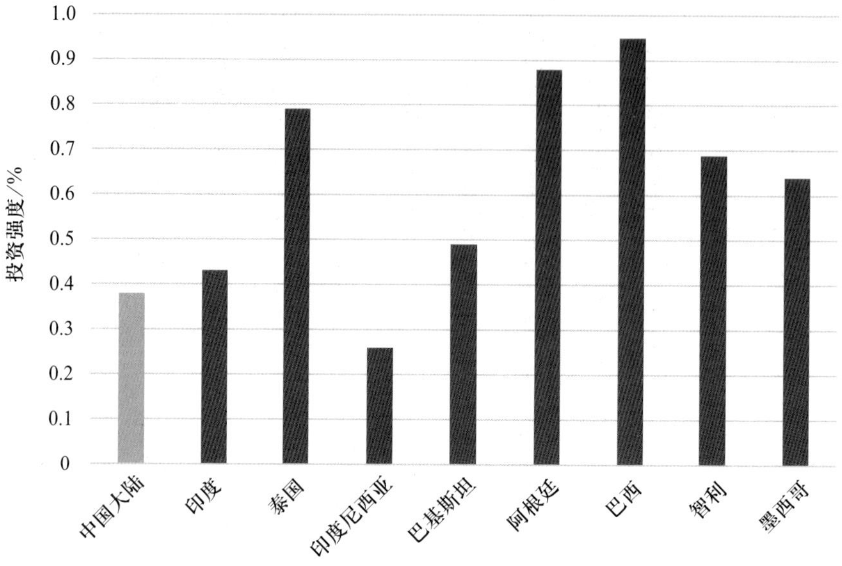

图 3-3　农业科技投资强度的国际比较

要的地位。但是,与活跃的私人资本(也就是非政府财政)相比较,公共资本在创新性和效率上往往具有明显劣势(表 3-2)。在主要的农业现代化国家,在科技投资上百年的发展过程中,私人资本投资农业科研的比例从 20 世纪 70 年代的低于 40%上升到 90 年代中期的接近 50%,同期发展中国家几乎从零提高到 90 年代中期的 5%～20%。但总体上,20 世纪 90 年代发展中国家农业科技投资中的私人占比远远低于发达国家(图 3-4)。这一状况到 21 世纪也没有得到根本改观。

表 3-2　2000 年公共与私人农业研发支出

区域	支出(2000 年不变价)/亿美元			占总支出比重/%	
	公共	私人	合计	公共	私人
发展中国家	12.819	8.620	136.820	93.700	6.300
发达国家	101.910	120.860	222.770	45.700	54.300
合计	230.100	129.480	359.580	64.000	36.000

注:表中数据根据 2000 年不变价格计算后,以购买力平价折算美元。数据来源:Pardey 等(2006)

私人资本在农业机械、食品加工、农药、化肥等农业生产环节之外更是具有十分显著的地位。以美国为例,私人资本在农业产中技术的投资中只占 12%,而在农业机械和食品加工领域则高达 90%左右。私人对农业科技投资

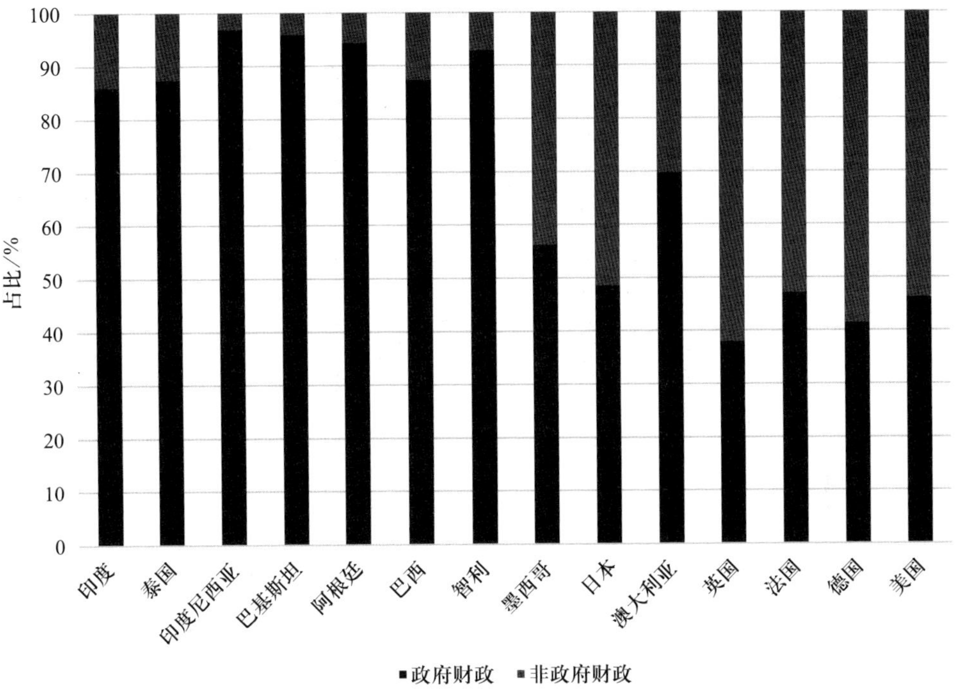

图 3-4 公共资本和私人资本在农业科技投资中的占比

数据来源：黄季焜和胡瑞法(2000a)。

的高度集中还表现在国家和产业上。美国(41%)、日本(20%)和德国(10%)3个国家就占整个世界私人对农药和化肥科技投资总额的71%。又如食品加工行业，美国(22%)、日本(33%)和法国(8%)3个国家的私人科技投资占整个世界私人对食品加工行业科技投资比例的2/3(黄季焜和胡瑞法，2000a)。中国私人部门发展时间较短，私人农业研发投入能力和投入总额均落后于发达国家，同发展中国家相比也有一定差距(黄季焜和胡瑞法，2000b)。2000—2006年，中国私人农业研发投入以年均27%的高速度增长。2006年，私人农业研发投入已达到公共投入的22%，占总投入的比例则从20世纪末的2%提升至16%左右(胡瑞法等，2007;2009)。即便如此，私人资本在农业科技投资中的占比仍远低于发达国家。因此，如何更好地鼓励私人资本参与农业科技投资是我国实现农业科技现代化面临的一个重要课题。

(四)企业发挥作用

在市场经济中，企业的核心目标是追逐利润，这使得企业比公共科研机构在技术创新和技术转化上往往更加高效。

从表3-3来看，美国研发经费来源有多种渠道，主要有企业、政府和其他机构(如基金会等),其中企业和政府是主要的投资者。企业是整个社会科学技术创新的主要力量。从表3-3中可以看出,虽然美国企业的科技创新投入占了整个社会的近60%,但占了整个社会科技创新经费执行主体的70%有余;虽然政府的科技创新投入占了全社会的35.5%,比例较大,但其自身作为经费执行主体只占10.0%,高等院校只占15.4%。这些情况充分说明在美国企业是整个社会科技创新的主体和主导性力量,全社会科技创新对高等院校的依赖程度远远不如企业(杜金沛,2011)。

表3-3 美国研发经费的来源和执行主体比例情况 %

年份	经费来源主体			经费执行主体		
	企业	政府	其他机构	企业	政府	高等院校
1995	59.4	35.5	5.1	71.1	10.0	15.4

数据来源:何传启,张凤.知识创新[M].北京:经济管理出版社,2001。

在德国,企业也是科技创新的主体。从表3-4中可以看出,德国的企业既是科技创新的投资主体,也是执行研究任务的主体,而且作为经费执行主体所占比例超过自身作为来源主体所占比例,这意味着政府始终对其给予巨大科研资助;相反,政府作为投入主体始终占有35%左右的比例,但作为经费的执行主体,也就是自己下属的研究机构所承担的研究项目或任务只占14%左右。另外一个值得重视的信息是,作为经费来源的其他主体(包括高等院校)一般只占3%以下的比例,说明高等院校自身的经费来源极其有限,但作为经费执行主体所占比例都有十几个百分点,而且呈现上升趋势(杜金沛,2011)。

表3-4 德国研发经费的来源和执行主体比例情况 %

年份	经费来源主体			经费执行主体		
	企业	政府	其他	企业	政府	高等院校
1985	61.8	36.7	1.5	73.1	12.9	13.5
1990	63.3	34.1	2.6	72.0	13.2	14.4
1995	60.8	37.1	2.1	66.1	15.0	18.9

数据来源:国家科学技术委员会.世界科技发展述评[R].北京:国家科学技术委员会,1996。

相似的情况也发生在英国。在英国,研发经费主要来自企业、政府、大学,此外,还来自慈善机构、信托基金和海外收入,但从20世纪80年代以来,政府的研发投入占的比例逐步下降。在英国国家创新系统中,企业、大学和科研机构是3个主要的行为主体。但从经费执行比例看,企业所占比例在60%以上,为最高，大学和科研机构则平分秋色，见表3-5（杜金沛，2011）。

表3-5　英国研发经费的来源和执行主体比例情况　　%

年份	经费来源主体			经费执行主体			
	企业	政府	其他	企业	政府	高等院校	私人非营利机构
1985	47.4	42.2	10.5	65.0	20.3	11.4	3.2
1991	50.4	34.5	15.4	65.1	13.7	16.2	4.9
1995	48.1	33.3	18.6	65.5	14.5	18.8	1.2

注：其他包括大学＋私人非营利机构＋海外。

数据来源：NSF. Science&Engineering Indicator[R]. National Science Foundation，1993，1998.

（五）农业科技进步贡献率

我国农业科技进步贡献率提高速度非常快。据“2018中国农业农村科技发展高峰论坛”发布的《中国农业农村科技发展报告（2012—2017）》，我国农业科技进步贡献率已经从2012年的53.5%提高到2017年的57.5%，取得了包括超级稻、转基因抗虫棉、禽流感疫苗等一批突破性成果；主要农作物良种基本实现全覆盖，自主选育品种面积占比达95%，畜禽水产供种能力不断提升。科技体制改革纵深推进，布局了“1＋8＋3”重大项目，构筑先发优势；推动了农业高新技术产业发展，建立国家农业高新技术产业示范区4个、国家农业科技园区246个。尽管如此，我国农业科技贡献率与发达国家比较仍存在一定的差距（表3-6）。农村人口中农业科技人员数在比较中也处于绝对的弱势，2017年我国每万人农村人口中农业科技人员数仅为1.7人，而同期美国是40人。这些数据充分说明，提高我国农业农村现代化水平，着力提高农业中的科技贡献率仍是一条必由之路。提高农业科技从业人员的数量和质量都是我们需要努力的方向。

表3-6　2017年农业科技进步贡献率国际比较

农业科技贡献率/%		每万人农村人口中农业科技人员数/人	
中国	发达国家	中国	发达国家
57.5	70～80	1.7	40

（六）农业科技成果转化率

从全球范围来看，发达国家的农业科技创新成果应用程度普遍很高。日本作为农业科技强国，其成果转化率在2014年达到75%。相比之下，中国的成果转化程度不高，生产实际中应用率则更低，中国在2014年的农业科技成果转化率不足45%，不仅与日本的差距较大，与世界发达国家平均水平(65%)也相差较多(图3-5)。

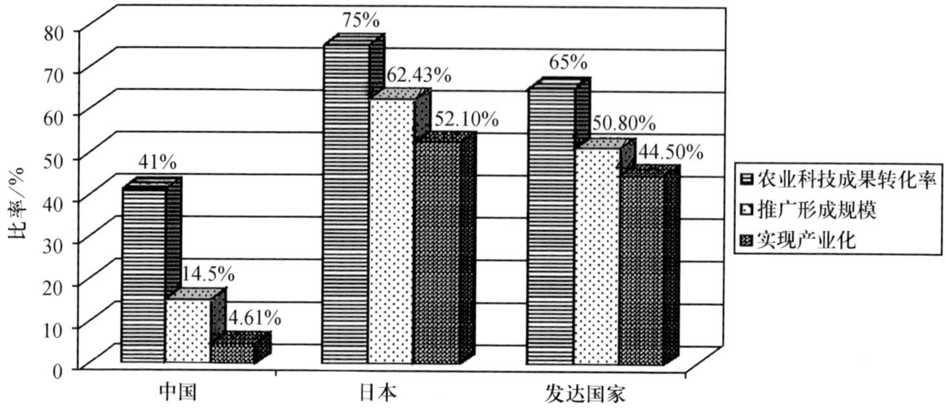

图3-5 中、日及发达国家农业科技成果转化等情况(2014)

我国每年有7 000多项农业科技成果问世，但转化为现实生产力的仅占40%左右，国外一些发达国家农业科技成果的转化率可以达到80%以上(万宝瑞，2013)。国家部委、科研单位、项目实施组织之间分工不明确，经常出现课题重复、经费使用效率不高的情况(万宝瑞，2012)。由于农业科研周期较长，现有的科研管理体制难以确保农业科研项目的连续性。《2017中国农业科技论文与专利全球竞争力分析》显示，2014—2016年，我国农业发明专利申请量全球第一，且近5年技术发展增速保持第一；同时在园艺、种植和播种技术、饲料和肥料几个领域相对技术优势排名第一(蒋建科，2018)。种种现象表明，我国在农业发明专利方面的能力已达到世界一流水平，与美国、日本、欧盟等发达国家和地区相比也毫不逊色。

二、农业农村现代化科技创新需要破解的几个关键问题

科技创新涉及一个国家经济社会的方方面面，如制度、市场机制、人口素质、文化传统、区位特征，甚至气候与宗教等。这意味着，任何一个有利于科技创新的环境都可能有其他环境无法比拟的优势。因此，仅通过总结他国经验就试图提出一套完整的、高效的，有利于本国农业农村现代化科技创新的体系几乎是不可能的。因此，本节我们紧紧抓住5个制约农业农村现代化科技创新的关键问题，试图考察主要发达国家是如何破解，以及对我国农业农村现代化科技创新的借鉴意义。这5个问题包括：其一，如何建立完善高效的农业科

技成果转化体系？其二，如何解决农业科技创新的外部性问题（正负外部性）？其三，如何鼓励并充分发挥民营资本在农业科技创新中的作用？其四，如何促进问题导向性的科技创新体系建设（相互反馈）？其五，如何发挥科技在国际合作中的作用，形成互赢局面？

这 5 个问题即使在今天也是很多农业现代化国家面临的难题。破解这些问题并不能保证一个国家的农业科技创新科研达到多高的水平，但不破解这些问题一定会严重制约该国的农业科技创新。

1. 如何建立完善高效的农业科技成果转化体系

发达国家通常不仅在农业科技创新成果推广应用中投入大量的人力、物力、财力，而且已经建立完善的农业科研和推广体系，其在农业科技成果转化应用中的许多经验和做法对我国的农业科技转化体系的建设有重要借鉴意义。

（1）健全相关法律法规，为农业科技成果转化提供制度保障。发达国家的农业科技成果之所以能有效转化，并在农业发展中发挥重要作用，与这些国家农业科技成果的推广立法密不可分。美国的科技成果推广体系，正是依靠《莫雷尔法案》《哈奇法》《史密斯-利弗法案》等法律建立起来的。第二次世界大战以后日本农业推广体系的建立，也正是在《农业改良助长法》的保障下得以重建的，并多次修改加以完善。我国于 1993 年颁布《农业技术推广法》，并于 2012 年对《农业技术推广法》进行修订。但我国相关立法缺乏实施细则，在实践中可操作性不强。因此，应制定详细的操作条例和管理细则，确保把农业推广落到实处。与此同时，各级监察执法部门要加强执法监察力度，确保有法必依和违法必究，为农业科技成果转化提供制度保障。

（2）保障农业科研推广经费，为农业科技成果转化提供金融支持。发达国家不仅注重农业领域的科研投入，在农业科技推广上也保持充足的经费支持。美国、日本、欧盟等发达经济体均有明确的、与农业科技成果转化配套的经费支持政策，以保证农业科技成果落地应用。近年来，我国涉农科研资金投入不断加大，但“重科研轻推广”和“重论文轻应用”的情况仍然普遍。农业科技推广应用环节缺乏足够重视，经费很难得到充分保障。因此，政府应保障农业科技成果转化有合理的经费支持，让农业科技供给方和需求方无缝对接，促进农业科技成果高效落地应用。

（3）加强人才队伍建设，为农业科技成果转化提供智力支撑。为了保证农业科技成果顺利转化，美国、日本等发达国家不仅在农业科研领域加强人才队伍建设，而且在农业科技成果转化环节建立高素质农业科技推广队伍。美国通过利益共享，市场化运作，建立少而精的农业科技推广队伍参与农业科技成果转化。而日本则通过稳定待遇，加强人才队伍建设。为了吸引高素质人才的加入，日本的农业推广人员参照公务员招录，并享受公务员待遇。对比发现，我国农业科技推广人才队伍建设明显不足，且农业技术推广人员存在流动性较大、年龄偏大、学历偏低等问题，这些制约了我国农业科技成果的推广应用。我国政府应该在人才培养、队伍建设、薪资待遇等方面予以政策支持，培养造就一批高水平、高素质的农业科技推广队伍，促进农业科技成果快速转化。

（4）优化农业科技创新推广激励机制，促进产学研深度融合。农业科研、教育、技术推广三者是相互联系，互相促进的。美国建立科研、教育、服务三位一体的农业科技推广体系。日本则成立全国型农业协同工会，推动产学研紧密合作。欧盟在农业技术成果转移方面，主要通过制定科研计划督促各成员国的农业技术成果转化，其中突出表现形式是在成员国建设创新驿站网络，通常，由国家、区域和基层三级结点的网络组成，协调推进农业科技成果转化推广。对比我国，产学研的结合仍存在脱节现象，如农业科技得不到推广和应用，农民和涉农企业对农业科技的需求得不到满足等情况仍时有发生。政府应优化农业科技创新推广激励机制，促进产学研紧密结合，让最新的科研成果和技术能够得到迅速应用。同时鼓励探索多样化的农业科技成果转化体系，丰富农业科技成果转化模式，如中国农业大学的科技小院和中国农业科学院的技术转移中心等。

2. 如何解决农业科技创新的外部性问题（正负外部性）

科技创新活动具有明显的外部性，既可表现为刺激产业进步，提高资源利用效率和促进经济发展等正外部性，也可能表现为污染环境、消耗稀缺资源和引发社会危机等负外部性。农业科技创新同样具有类似的正外部性和负外部性。正的外部性是指科技创新机构的行为具有很大的利他性，但这种利他性又无法通过市场获得相应的回报，因此，不利于机构的创新积极性。负的外部性是市场主体行为对外部的负效应不能通过或不能低成本地通过市场对主体行为构成约束，从而也不利于市场主体采用创新的制度或技术解决外部负效应问题。因此，不论是科技创新的外部正效应还是负效应，都不利于科技主体的创新积极性。发达国家的经验表明，破解这一问题，需要从如下多方面着手。

（1）对涉农的基础性研究，政府必须保证持续性资助水平。农业提供人类赖以生存的食物，是国民经济的基础。农业科技对农业发展、经济发展及社会稳定有巨大的外部效益。农业的强外部性要求政府必须对农业的科技投入保持稳定的资助水平。发达国家的经验表明，在农业领域，政府对农业科技的持续性资金支持始终是农业科技进步的重要推动力。如美国充分发挥政府和市场的双重作用，除了政府的税收投入，同时积极吸引民间力量参与农业科技创新，如财团基金、私人捐赠等。日本推行自上而下的科技创新体系，先自下而上搜集企业和农户的科技需求，政府资助科研机构对基层科技需求进行攻关，然后自上而下推广应用，促进产学研紧密结合。荷兰则在良种培育、生产经营、科研推广体系等环节，均增加了科技的投入力度，科技进步对荷兰农业增长贡献率保持较高水准，该国设施农业、植物工厂等农业工厂化技术享誉世界。世界发达国家农业科研投资强度达3%以上，总体仍以政府投资为主。特别是对于没有直接经济效益但关系未来科技发展的基础性研究和应用性研究，主要依赖政府投资。这与生态农业科研投资周期长、利润回报率的不确定因素较多等有关。我国农业的科研投资强度自20世纪90年代中期以来虽然增长迅速，但相比发达国家，仍处于较低水平。发达国家的历史经验表明，国家的稳定投入是促进农业科技发展的一个行之有效的方法。确保农业科技资金投入比例与国家经济发展增速相匹配，是提升我国农业科技创新能力的重要手段。

(2)对涉农的科技创新主体，予以财税支持和金融帮扶。针对涉农科技创新的正外部性，发达国家通过财政补贴和税收优惠等多种手段予以支持。如美国通过设立风险投资基金、贷款担保等金融服务体系，以及制定相关退税政策等激励农业科技创新。日本也通过建立税收扶持制度、财政补助制度，研发激励政策等措施激发农业科技创新主体的积极性。对比发达国家，我国应通过以下财税金融措施支持涉农主体进行科技创新。一是通过税收减免或税收返还激励涉农主体进行科技创新。二是利用政策性银行的优惠措施加大对科技创新主体的扶持程度与支持力度，如提供无息、低息或贴息贷款。三是通过知识产权质押融资和引入风险基金，丰富农业科技创新主体的资金来源渠道。

(3)综合运用各种管理监督机制，倡导可持续发展的技术创新。农业科技进步在推动农业生产率大幅提升的同时，也存在诸如环境污染和资源过度利用等负外部性问题。针对现代农业对环境和自然资源的破坏等负外部性问题，发达国家结合本国特点，采取一系列针对性措施。法国在改进传统农业生产技术的基础上大力支持农业环保新技术研发和推广应用，英国和德国则推进生态农业计划，确保农业可持续发展。日本则通过宣传环保理念，完善环保制度措施，运用先进实用的农业技术有效地保障环境保全型农业的发展。针对涉农科技创新的负外部，我国应在法律、税收等方面予以约束，同时配合宣传，引导科研主体开展绿色技术创新，倡导全社会采用可持续发展的生产方式和生活方式。为确保我国农业长期稳定发展，我国应通过科技创新转变农业发展方式，促进农业绿色发展。同时追踪世界农业科技前沿技术进行科技创新研究，为农业绿色发展提供强有力的科技支撑。

3. 如何鼓励并充分发挥民营资本在农业科技创新中的作用

民营资本是市场经济中最有活力和创造力的一类群体，是社会主义市场经济不可或缺的组成部分，是繁荣城乡经济的有力支撑，也是推动我国经济发展的重要力量。应积极发挥民营资本在农业科技创新中的作用，与国有资本形成互补之势，促进农业科技创新的落地和应用。

(1)健全相关政策法规，保障民营资本参与农业科技创新。当前民营资本不能深度参与农业科技创新，一方面，与农业行业收益低和风险高的行业特性有关；另一方面，也与我国民营资金的支持和保护政策不完善有关。美国为了保证相关法律法规适用农业高新技术企业，政府专门组织力量定期对竞争性的法律和规定进行评估，推动民营资本参与农业科技创新与应用。日本则早在 20 世纪 60 年代就制定专门的措施，鼓励农业企业引进先进技术并再创新。为了实现科技不断促进经济发展，欧盟各成员国均将私人企业的研究与发展工作作为衡量科技创新能力的一个重要指标，各成员国通过积极制定各种政策措施，不断促进私人企业的研究与发展工作。为了促进民营资本参与科技创新，我国出台了一系列支持政策，但由于缺乏配套政策和实施细节，许多民营资本对农业科技创新领域仍处于观望状态。只有将支持民营经济相关法律政策和具体措施落到实处，才能真正排除阻碍民营经济参与科技创新的疑虑，让民营经济真正从法律保障和政策扶持中增强安全感和获得感，从而为农业的可持续发展提供强大助力。

(2)完善财税金融支持政策，激励民营资本参与农业科技创新。农业科技创新总体上呈现收益低、风险高的特点。发达国家为了激励民营资本参与农业科技创新，出台了一系列的财税金融支持政策。美国出台鼓励技术创新的税收制度，对企业 R&D 支出实行税收优惠；同时出台中小企业投资计划，以国家信用发信债券，鼓励社会资金投资中小企业。英国企业的研发支出可以从税前的营业额中扣除，用于购买知识产权或技术的支出，可以按递减余额的 25%从税前扣除。日本制定了“科技振兴折旧制度”等一系列折旧制度，鼓励企业更新设备，激励企业科技创新和高新产业的发展(胡元聪和王俊霞，2013)。为了更好地激励民营资本参与农业科技创新，我国应采取以下财税支持政策。一是针对企业的研发支出实行税收优惠，同时对企业研发人员予以所得税减免或优惠。二是对涉农企业的科技创新和应用予以财政激励。三是针对涉农中小企业科技创新出台金融支持政策，保证企业的资金来源，如发行专项债，提供知识产权担保融资等。

(3)搭建多种支持平台，实现利益共享，推动农业科技创新。中小企业是民营资本的重要表现形式。我国涉农中小企业抗风险能力较差，在统一的竞争平台上很难与跨国企业、国有企业竞争。发达国家针对中小企业，搭建多种支持平台。如美国推动中小企业和科研机构联合申报农业科技攻关项目，在政府采购项目中，要求从中小企业采购比例不得低于23%。欧盟推动公共科研院所和大学与企业研发部门之间的合作，促进农业科技研究创新满足产业需求，促进农业食品链可持续发展。日本搭建多种交流平台，保证中小企业和农户、高校无缝对接，促进产业研深度融合。为了更好地促进民营资本参与农业科技创新，实现利益共享，我国应多举措并举。一是政策适当倾斜。政府在涉农招标领域，可以适当向中小企业倾斜，促进中小企业发展。二是鼓励多方合作。财政政策支持科研机构与中小企业联合研发，实现利益共享。三是搭建多种形式的交流平台。如通过搭建农业科技创新高层论坛，举办技术转移对接会等为民营资本参与农业科技的创新和推广提供平台支撑，促进农业科技创新应用和推广。

4. 如何促进问题导向性的科技创新体系建设(相互反馈)

我国农业科技进步贡献率在2017年已经达到57.5%，但科技成果转化率远不如发达国家，并且农业科技对现阶段农业发展难题回应还不够充分，需要进一步进行以生产实践问题为导向的科技创新体系和科研协作体制改革。

(1)坚持市场导向，服务生产实践。农业科技创新体系的基本职责始终是服务生产实践，服务广大农民，服务人类社会。因此，农业科研和推广工作的重点随着研究方向、社会经济形势、农民需求的变化而变化，坚持"以人为本"，按照市场需求和生产需求进行科学研究，确保科研成果的实际性和可行性。依托《莫雷尔法案》《哈奇法》《史密斯-利弗法案》，美国逐渐形成了集科研、教育、推广为一体的农业科技创新体系。该体系在取得巨大成就的同时，弊端也日益显露，表现之一为研究重点扭曲，农业科研的重点几乎全部放在实验室技术研发上，单纯以生产效率为目标，忽视社会结果，甚至不顾食品安全问题。对此，科研主体通过关注农村社区发展，增加农业信息推广，针对农村女性和青少年开展推广服务等途径扩充研究和推广内容，帮助农村地区的人们鉴定、解决他们在农业生产和日常生活中所面临的问题，并且增强研究结果的可操作性，使农民、加工企业、经销商与消费者都能从中获益。英国科研机构在选择研发项目时，必须按照市场需求及农业发展需求有针对性地选择，坚持农业科研为生产实践服务；同时加强科研机构、农业企业、农户及政府管理的多级联动和密切配合，提高科研成果的市场转化效率，促进科研成果的推广应用。

（2）加强良性互动，促进交互发展。建设问题导向型农业科技创新体系的重要前提之一是在农业科研和推广人员与一线农业生产者之间形成交互发展、良性互动的网络。在这个多向互动的网络中，科研和推广人员既能够把最新科研成果及时普及给广大农民，把实验室成果转化为实际生产力，又可以了解农民需求，得到实时反馈，促进科研成果的产出和改良。美国农业科技创新体系在形成过程中曾出现过农业推广体系与农民联系松散的问题，无论是从推广人员配置、推广内容，还是从农民所得利益角度来看，广大普通农民并没有成为农业推广体系工作的真正参与者。对此，通过出台相关法案，调整科研推广资金等途径强化农业科研人员和生产者的合作互动。在这个自愿合作的过程中，集教育、科研和推广任务于一身的教授们一方面可以更好地将实践与教学相结合，并且随时将大学里最好的技术和信息推广给农民，而与此同时在推广这些技术的过程中发现问题又能及时反馈到科研中去，以进一步研究解决。

（3）强化体系建设，完善推广机制。在促进问题导向型农业科技创新体系建设中，农业推广体系是连接农业科技者和农业生产者的重要载体，是促进农业科技成果转化的重要纽带，是坚持问题导向和服务生产活动的重要力量。农业协同工会在日本农业科技衔接系统中扮演着十分重要的角色，90％以上的农户参加了农业协同工会。农业协同工会推广服务遵循自下而上的运作途径，基于农民的需要提供服务。以农业协同工会为纽带的农技推广系统，一方面，能及时地将科研成果转化为生产力；另一方面，避免了科研、推广工作的盲目性，提高了效率（王建明，2010）。荷兰农民及其合作组织与科研机构、企业之间存有各种经济组织和行业组织或协会，负责彼此间的联结、谈判、沟通。农业科技需求通过经济组织和行业组织或协会这些联结点形成产学研多向互动的反馈机制，将信息及时、快速地传递到农业科技研发机构和推广机构，从而加快农业科技创新成果的转化（段莉，2010）。而我国的农业推广体系以政府主导，易造成推广工作更多地考虑上级命令而非农户的实际需要，从而造成农业科技供需脱节，许多农业科技成果难以转化为现实生产力，农户利益表达机制缺失。

（4）推进法制建设，实施监督管理。完善的法律法规体系和良好的监督管理机制为更好地实施问题导向型农业科技体系建设提供了明确的法律依据和有力的推动举措。美国颁布了一系列法案或修正已有法案，为完善农业科技创新体系提供了法律依据。相比之下，我国自清末时期以来即开展农业推广工作，但直到1993年才颁布《中华人民共和国农业技术推广法》。在法律条文规定上，美国法律都给出了明确的指示，操作性强；我国的《中华人民共和国农业技术推广法》虽面面俱到，但大多是原则性的条文，大多采用“鼓励”“支持”“应当”等“软”词，具体性、可操作性和约束性相对较弱。

5. 如何发挥科技在国际合作中的作用，形成互赢局面

仓廪实而天下安。农业外交已成为中国外交的重要组成部分，农业合作成为“一带一路”倡议的基础支撑。加大科技合作能保障农业外交行稳致远。积极推进农业科技国际合作，既是国际农业生产发展的需要，也是我国食物安全的需求。我国已经成为世界农业科技中心，取得了举世瞩目的成绩，但依然面临诸多挑战，如何发挥科技在国际合作中的作用，是我们需要思考并理清发展路径的战略性问题。

（1）长期合作的必要性。科技合作不可能一蹴而就，一两次的合作很难发掘、培育出有亮点的成果，只有长期合作才能保障合作方向的稳定及合作成果的深化（罗青，2017）。欧盟研究与创新框架计划是目前世界上最大的官方科技合作计划之一，已完成实施七期，第八期“地平线2020”计划正在实施。农业科研项目是第八期计划的重要内容之一，围绕提升农业生产力、自然资源可持续管理与利用、食品质量与安全等重点领域展开，以期通过这些领域的研究与创新解决欧洲及全世界农业生产所面临的气候变化、环境污染和资源紧缺等问题（刘文博等，2014）。欧盟研究与创新框架计划十分重视科技国际合作，也在不断探索合作模式改善合作效果。针对第七期国际合作中存在的不足，如许多合作项目仅是针对特定内容临时开展，合作时间短，缺少关键性和规模化的合作项目，行动缺乏凝聚力和协同性等，“地平线2020”计划吸取前期经验教训，确定三大重点研究领域，拟定的重点研究内容契合未来农业发展方向，关注科研人员培训和职业发展，采取更加积极和富有战略性的政策，进一步完善国际合作政策与方式。

（2）机构间合作的必要性。单打独斗式的合作往往成果有限，缺乏影响力，形成不了合作的声势，引不起本单位、本地区和政府层面足够的重视，只有机构与机构之间整合力量对口合作，双方各层面才会更重视合作，合作的动力、信心和期望也更大，对合作的保障和支持也更有力，才最有可能产生有影响力的成果。同时，机构之间合作比个人之间合作能找到更多的合作切入点，合作领域更广，可以提供更大的合作平台和更多的合作机会，由此容易形成合力，保证合作规模，进一步提高合作的可能性，也就有可能取得更大的合作成果（罗青，2017）。法国对外发展援助一直处于发达国家的前列，技术合作包括

建立研究和推广中心，转让能够提高产量的农业技术、技术培训、改良种子等，主要由法国财政、经济和工业部起决定作用，同时，法国政府认为非政府组织参与发展援助是对政府在此领域合作的补充和加强，是国际行动的组成部分，因此，法国政府积极支持非政府组织参与发展援助。美国农业部海外农业局是负责对外农业合作的主要管理服务机构，负责收集和发布农产品供求、贸易走势等信息，在贸易条约谈判中担负组织协调的角色，还负责提供相关政策要求和技术标准。除了正式的官方组织，美国民间社会、商务团体和地方管理机构，尤其是跨国公司，在农业对外投资、技术合作中也起到了举足轻重的作用（蔡亚庆，2011）。

（3）知识产权保护的必要性。知识经济时代，知识产权作为一个企业乃至国家提高核心竞争力的战略资源，凸显出前所未有的重要地位。知识产权保护为智力成果完成人的权益提供了法律保障，为智力成果的推广应用和传播提供了法律机制，为国际科技合作提供了法律准则，调动了人们从事科技研究的积极性和创造性。相较发达国家，我国农业知识产权法律体系相对零散，民众产权保护意识相对薄弱。美国农业对外经济技术合作的顺利开展依赖于其健全的农业知识产权保护法律体系，一方面，对专利法、版权法、商标法等传统知识产权立法不断地修改与完善，扩大保护范围，加强保护力度；另一方面，国家加强调整农业知识产权利益关系，在鼓励转化创新方面强化立法，有《拜杜法案》《联邦技术转移法》《技术转让商业化法》《美国发明家保护法令》等（张晓妮，2011）。美国政府一直把知识产权看作美国经济的基础及核心利益之一，目前美国已经成为世界上拥有、转让和保护农业知识产权的大国，有利于科研机构及高新技术企业在科学技术创新方面加强国际合作，发挥更大的主动性。2002 年，日本颁布了《知识产权基本法》，此后还制定或修改了 21 项知识产权相关法案，使日本成为知识产权战略十分系统化和制度化的国家（张家明，2011）。

三、国际农业科技发展与创新合作

1. 国际合作在农业科技发展与创新中的地位

（1）国际合作是农业科技发展与创新的必然要求和重要手段。我国的农业发展环境迫切要求农业科技国际合作。随着工业化和城镇化的快速推进，我国农业发展的自然资源约束和社会资源约束日益严峻。我国农业生产成本上升，青壮年劳动力减少，耕地和淡水等资源的刚性约束加剧，环境污染及生态退化等问题日益突出，保障国家粮食安全和主要农产品有效供给的任务越来越重（杨易等，2013）。推进农业科技创新，强化农业科技在农业发展中的支撑作用是提升农产品供给保障能力的关键，因此，迫切需要加快农业科技创新步伐，大幅度提高资源利用率和劳动生产率，而加强农业科技的国际合作是实现农业科技创新、加快农业科技进步的有效方式，是提高我国自主创新能力的重要方式。《农业国际合作发展“十二五”规划》提出：“加强国际农业科技合作，提升农业产业发展的科技支撑能力。”2012 年中央一号文件进一步明确提出：“加强国际农业科技交流与合作，加大力度引进、消化、吸收国外先进农业技术。”（杨易等，2013）

（2）国际合作是缩小国家间农业科技差距的重要渠道。随着经济全球化的发展及气候变化、粮食危机等问题的凸显，国与国之间的相互依存关系越来越紧密，农业领域的国际科技合作越来越广泛。我国农业科技发展水平与国际先进水平相比，差距仍然较大，除创新成果和应用技术的供给不足外，还突出表现在科技成果转化率低，如“十一五”期间，我国农业科技成果转化率只有 40%，远低于发达国家 80% 以上的水平；2011 年我国农业科技贡献率为 53.5%，而美国、以色列、荷兰等发达国家的农业科技进步贡献率已高达 80%。发达国家在优良动植物种质资源、农产品储运加工技术、现代农业装备技术、农产品质量安全监管技术、数字农业与智能化技术等方面具有明显优势，为我国引进先进农业技术、推动农业科技创新提供了技术支持。因此，农业科技国际合作是增强本国农业竞争力，发挥比较优势的重要途径，是实现发达国家与发展中国家共赢，促进全球经济发展的重要举措，也是创新全球化趋势的要求（杨易等，2013）。

2. 国际合作如何更好地促进国家科技的可持续发展及核心竞争力的维持

新一轮科技革命和产业变革正在重塑世界经济结构和竞争格局，以创新推动可持续发展已成为全球共识。全球形成经济发展转型与科技、产业变革相交织的态势。科技创新活动不断突破地域、组织、技术的界限，创新要素在全球范围内的流动空前活跃。开展持久、广泛、深入的国际合作，是积极应对全球性挑战，实现科技创新、经济增长和可持续发展的必要途径。

我国正处于重要战略机遇期，经济社会发展处在从要素驱动向创新驱动转型的关键时期。在经济短期稳增长和长期调结构的双重需求下，国际科技创新合作是新形势下推动建立以合作共赢为核心的新型国际关系的重要路径，是落实创新驱动发展战略，集聚全球资源，提升我国在全球价值链位置的有效抓手，也是我国积极参与全球治理，融入全球创新网络的有效途径。

3. 农业科技创新国际合作主要模式

农业科技创新国际合作按合作主体划分，可分为政府层面合作型、企业层面合作型；按合作内容划分，可分为外资与技术引进型、引进设备型、引进技术型、引进核心部件型、互访型、引进技术专家型和输出核心技术或产品型；按合作目的划分，可分为产品产业化型、技术输出型、二次开发型、R&D 型和联合开发型。

改革开放 40 多年来，我国的农业科技国际合作在引进技术、引进外资、引进智力、培养人才及农业科技"走出去"等方面取得了显著成就。总体来说，我国农业对外国际合作已经形成了布局完整的体系。在合作方式和内容上，与发达国家和国际组织的合作，以联合科技攻关、合作平台建设和人才培养为主；而与发展中国家的合作，以农业科技示范园区建设、技术转移和人员培训为主。当前我国农业科技国际合作的形式主要有三类：一是开展联合研究项目，成立联合研发机构；二是在已有开放性的科技计划中设立专门的农业科技合作内容；三是在农业领域开展科研人员交流与农业科技培训。

4. "一带一路"倡议和科技合作

科技创新合作是共建"丝绸之路经济带"和"21 世纪海上丝绸之路"（以下简称"一带一路"倡议）的重要内容，是提升我国与沿线国家合作水平的重点领域。与沿线国家相比，我国科技创新资源丰富，在农业、生命科学与健康、能源环境和气候变化等领域形成的技术优势，有利于提升国际合作层次。农业是"一带一路"倡议科技创新合作的重点领域，我国应该在"一带一路"倡议下的农业科技国际合作中做到以下三点。

（1）引领建立"一带一路"倡议科技创新标准。虽然"一带一路"沿线国家对农业科技的国际合作非常重视，但是相关国家之间农业合作的协调机制仍不健全，主要表现在缺乏统一的标准、管理体制、组织体系、利益协调和平衡机制（白金山，2017），加之缺乏总体规划和政策协调，以及国家间的文化差异，这些都是阻碍农业科技国际合作的重要因素。因此，中国应发挥大国作用，加强顶层设计，引领建立"一带一路"倡议科技创新标准，对重大农业科技的国际合作进行统筹安排；成立农业国际合作的政策协调机构，形成沟通磋商机制。

（2）突破引进农业高科技产品的制约。加强双边和多边国际科技合作，在全球范围内选择与我国有良好合作基础和合作潜力的农业科技强国、农业大国及具有区域代表性的发展中国家开展农业科技国际合作，重点突破农业高科技产品的技术壁垒，加快农业高科技"引进来"，实现由农业科技大国向强国转变；继续做好中美农业旗舰，中加、中以等多双边科技合作项目；鼓励国内外科研机构、大学、企业共建联合实验室、联合研究中心、国际技术转移中心等平台，推动海外农业科技创新示范工作。

(3)投资外国涉农高科技企业。涉农企业、科研单位、社会服务组织是农业国际合作的直接载体，我国应在国际科技合作中加大对外国涉农高科技企业的投资和合作力度，加强与“一带一路”倡议沿线国家及大型跨国涉农高科技公司的交流与合作。加强国外先进技术、设备和管理经验的学习与推广，积极引进国外优秀的科技人才，大力培育企业、研究机构、社会组织的科技人才，逐步建立起强大的人力资本发展体系。同时加强我国涉农高科技企业的组织管理，提高科技水平，支持企业在海外设立研发中心，参与国际标准制定，推动装备、技术、标准、服务“走出去”，形成核心竞争力。

四、国际经验对我国农业现代化科技创新的借鉴

1. 推动科技转化是提高农业科技水平的关键

目前我国的农业科技研发水平已经站在了一个比较高的高度，但是农业科技的转化效率尚不理想。为了通过科技的发展推动我国的乡村振兴，我们不仅需要研发出大量新的涉农科技，更要切实地把这些新研发的涉农科技转化为可以投入使用的服务或产品，真正运用到农民的生产生活中去，切实造福农业、农村和农民。所以在当前的情况下，采取措施推动农业科技成果的转化是提高我国农业和农村科技水平的关键。

(1)建立健全以问题为导向的农业农村科技创新体系，实现双向反馈。为了实现农业科技成果的有效转化，农业科研应该紧紧围绕我国农业和农村发展中的现实需要，不应该脱离我国农业和农村发展过程中遇到的现实问题。如果不能做到这一点，国家投入的大量科研资金所得到的结果很可能只是一些虽然有很高的技术含量但是并不适应我国农业发展需要的农业科技。这样的科技成果很难被转化为现实的产品。所以我们必须要建立健全以问题为导向的农业农村科技创新体系，让我们的农业科研真正实现围绕现实的问题展开。为了达到这一目标，我们需要建立需求端和科研机构之间畅通的双向反馈机制。因为只有我们的科研人员真正了解农业和农村发展中真正面临的科技问题和需求是什么，才可以谈得上针对这些问题开展科学研究活动。而双向的沟通机制也有利于农民及时了解涉农科技最新的发展动向，从而推动最新的涉农科技成果在农业和农村的生产生活中得到快速、有效的运用。

(2)建立对农业技术推广、涉农科研和教育的统一管理机制。目前我国的

农业技术推广与涉农科研和教育分属不同的部门管理，使得互相之间的沟通存在一定的协调困难。这与我们建立需求端到科研机构之间畅通的双向反馈机制存在矛盾。以问题为导向的农业农村科技创新体系不仅仅需要科研人员和农民之间自发的沟通和交流，更要有政府在其中发挥统筹和协调的作用。目前我国涉农科研和教育、涉农科研项目的审批、农业农村的生产生活和农业科技的推广分属不同的部门进行管理，这种情况很难实现农业发展和涉农科研之间的统筹。在这方面我们可以借鉴国外的经验，将农业生产、农业技术推广和涉农科研的管理职能统一到一个部门，便于在这三者之间进行统筹和协调。

(3)建立激励和考核机制，充分发挥高校在农业科技转化方面的作用。相比于国外高校和科研机构在农业技术推广中发挥的作用，国内高校和科研机构在这方面的作用还显得很微弱。这与目前我国对高校和科研机构的激励与考核机制中过于重视论文发表的情况有关。为了扭转这一情况，我们应该建立有效的量化指标有效地衡量高校和科研机构在农业科技推广和转化中的作用，增加农业技术推广和转化工作在高校和科研机构激励与考核中的比重。只有这样，高校和科研机构才会自觉在农业科技推广和转化中投入更多的资源，自觉将自身科研和农业农村需求相结合，在推动农业科技转化中发挥更大的作用。

2. 让一切农业科技创新的源泉充分涌流

在科学技术的研究和发展中，不同的主体都有自身的优势与劣势。为了促进我国农业科技创新的繁荣，我们应该制定不同的政策，充分调动所有主体开展农业科技创新的积极性，取长补短，发挥每一类主体的长处，让一切农业科技创新的源泉充分涌流。

(1)加强知识产权保护，通过法律充分保障科技创新和转化。为了提高所有主体进行农业科技创新的积极性，我们应该对农业科技创新的成果进行充分的保护。如果我们不能充分保护农业知识产权，人们就会担心在农业科技创新中的投入无法得到满意的回报，不愿意将资源和精力投入农业科技创新当中。这种情况的出现将是全社会的损失。为了避免这种损失，我们应该在法律层面明确对农业科技创新和农业知识产权的保护，并将这些法律落到实处，给有意愿投入农业创新中的人吃下一颗定心丸，让致力于农业科技创新和农业科技转化的人没有后顾之忧。唯有如此，才会有更多的人愿意投入农业科技创新和转化之中，推动我国农业科技的进一步繁荣，为乡村振兴战略的实施作出应有的贡献。

(2)发挥市场的主导作用,充分释放私人资本在科技创新上的积极性。市场在资源配置中可以发挥重要的作用,在农业科技创新和转化的资源配置中同样也可以发挥积极的作用。农业科技的创新中也存在供给和需求的关系,一般而言,通过计划的手段不能将农业科技创新的需求和农业科技创新的供给完全对接起来,而市场对这样的供求关系是最为敏锐的,可以快速有效地将资源配置到农业科技创新最需要的部分。因此,为了最大限度地满足农民在生产和生活中对农业科技的需求,我们应该充分发挥市场的主导作用。不仅如此,私人资本在供求关系上具有敏锐的嗅觉,为了使农业科技创新的资源配置更加有效,我们有必要鼓励私人资本更多地参与到农业科技创新市场当中,充分释放私人资本在科技创新上的积极性,对公有资本的不足进行有效的补充。

(3)发挥政府的推动作用,继续加大农业科研和转化投资。尽管私人资本可以在农业科技创新中发挥重要作用,但是政府依然需要在农业科技的创新和转化中起到推动和引领的作用。一方面,目前我国农业方面的科研经费的占比仍显不足,政府应该继续加大对农业科研和转化的投资,推动农业科技的进步。另一方面,尽管私人资本对农业科技供求关系具有敏锐的嗅觉,但是对于农业科技发展所需要的基础科学的研究,私人资本极可能缺乏兴趣。基础科学的发展对农业科技的发展至关重要,政府应该加大对涉农基础科学的投资,为我国农业科技创新的繁荣打下坚实的基础。

(4)优化对农业科研的管理和服务,提高农业科研使用效率。加大对农业科技创新的投资固然重要,但是对现有的农业科技创新投资进行更加有效的管理也非常重要。一方面,政府应该加大对农业科研投资的监督力度,让这些资金真正投入农业所需的研发当中,充分提高这些资金的使用效率,获得更大的产出。另一方面,政府应该优化对农业科研资金的配套服务,减少科研人员在使用科研资金的过程中所付出的不必要的精力,降低时间成本,在保证涉农科研经费真正用于农业科研的基础上,建立更加灵活的科研经费使用制度,以适应科研活动中灵活多变的特点,有效地提高涉农科研经费的使用效率,利用现有资金实现更多的农业科研产出,更好地推动乡村振兴战略的实施。

3. 借力“一带一路”倡议,加强国际合作

国际合作是农业科技发展的一个重要途径。一个国家的力量总是有限的,如果我们可以充分借鉴国外农业科技发展中的宝贵经验和先进技术,将大大加速我国农业科技的发展。“一带一路”倡议的实施是我国农业科技国际合作难得的契机,我们应该借力“一带一路”倡议,加强农业科技创新领域的科技

合作，促进我国农业科技的发展。

(1)引领“一带一路”倡议中农业科技创新。为了能够在“一带一路”倡议的国际合作中最大限度地吸收国外农业科技创新的成果和经验，我们可以通过采取制定标准，施加文化和软实力影响，提供适当的援助等方式引领“一带一路”倡议中农业科技创新的方向，使“一带一路”沿线国家的农业科技创新向着更加贴近我国农业科技需要的方向发展，从而更好地利用国际智力资源，推动乡村振兴战略中农业科技水平的提高。

(2)摆脱引进高科技产品的制约。目前我国的农业科技的应用和研究中对于国外高科技产品和设备还存在一定的依赖。在农业这样一个基础而重要的领域，我们应该实现更高的自主程度。加强自身的研发固然很重要，通过国际合作，充分参考和借鉴国外的先进产品与经验以加速国产设备和产品的研发同样非常重要。为此，我们可以有针对性地投资国外涉农的高科技企业，通过技术的引进和消化，逐步摆脱对引进高科技产品的依赖，实现更大程度上的自主化，不再受到国外技术的制约，将通过科技进步助力乡村振兴的成败牢牢地掌握在我们自己的手上。

第四章

新时代乡村振兴愿景和科技需求研究

根据党的十九大报告提出的到2035年基本实现社会主义现代化、到21世纪中叶建成富强民主文明和谐美丽的社会主义现代化强国的战略部署,在“中国要强农业必须强,中国要美农村必须美,中国要富农民必须富”重要思想的指导下,本研究主要分两个部分。第一部分是新时代乡村振兴愿景分析。首先,按照党的十九大报告提出的决胜全面建成小康社会、分两个阶段实现第二个百年奋斗目标的战略安排,绘制未来中国乡村未来的总体愿景。其次,在未来中国乡村新愿景的框架下,制定一整套乡村振兴评价指标体系,从每个指标体系描绘乡村振兴的量化愿景。第二部分是新时代乡村振兴科技需求分析,重点基于科技创新与乡村振兴的内在联系、需求层次及调查分析,提出农业农村现代化的科技创新需求重点。

一、新时代乡村振兴愿景分析

(一)总体愿景

乡村振兴以产业兴旺、经济发展为基础,包括农业农村生产、生活、生态文化、治理水平等在内的乡村发展水平的全面提升,体现在产业振兴、人才振兴、文化振兴、生态振兴和组织振兴各个方面。实施乡村振兴战略是一项系统工程,需要分清主次,找好着力点,抓住“牛鼻子”,优化配置各种资源,推进农村一二三产业融合与创新发展,培育乡村地区发展新动能,为乡村振兴打下坚实基础。科学把握我国乡村区域差异,尊重并发挥基层首创精神,发掘和总结典型经验,推动不同地区、不同发展阶段的乡村有序实现农业农村现代化。

1. 阶段愿景

(1)至2022年,具备条件区域率先基本实现农业农村现代化。发挥引领区示范作用,东部沿海发达地区、人口净流入城市的郊区、集体经济实力强及其他具备条件的乡村，到 2022 年率先基本实现农业农村现代化。

(2)至 2035 年，大部分地区基本实现农业农村现代化。推动重点区加速发展，中小城市和小城镇周边，以及广大平原、丘陵地区的乡村，涵盖我国大部分村庄，是乡村振兴的主战场，到 2035 年基本实现农业农村现代化。

(3)至 2050 年，困难区域如期实现农业农村现代化。聚焦攻坚区精准发力，革命老区、民族地区、边疆地区、集中连片特困地区的乡村，到 2050 年如期实现农业农村现代化。

2. 要求愿景

(1)产业兴旺。在乡村振兴战略实施的五大目标中产业兴旺位居其首。产业兴旺，即发展壮大乡村产业，就是要以完善利益联结机制为核心，以制度、技术和商业模式创新为动力，引导更多的资本、技术、人才等要素向农业农村流动，促进农村一二三产业融合发展，形成现代农业产业体系，增加乡村振兴内生动力。乡村产业兴旺，意味着乡村经济发展充满活力。按照党的十九大报告提出的决胜全面建成小康社会、分两个阶段实现第二个百年奋斗目标的战略安排，明确实施乡村振兴战略“产业兴旺”的目标任务是，到 2035 年，乡村产业现代化基本实现，现代农业综合生产能力得到显著提高，乡村产业尤其是农业实现又好又快发展；到 2050 年，传统农业实现现代化转变，农业建立在现代科学的基础上。结合以上目标和当前中国乡村产业的实际，未来“产业兴旺”的美好愿景大体如下。

其一，到 2035 年，建成 8 亿亩高标准农田，使得农业综合生产能力继续增强，农业稳产高产，实现粮食作物供求从紧平衡向平衡有余过渡，真正实现“中国人的饭碗端在自己手里，而且要装自己的粮食”。同时，实现农产品产出多样化，充分满足不同群体对农产品的多样需求。农产品在国际市场占有一席之地，跨国农企兴起，在重点和特色农产品有效供给和对外出口上发挥重要作用，农业生产效益进一步提高。农业供给侧结构性改革取得成效，现代农业结构优化调整，农副产品质量优良，科技和政策成为农业产业重要支撑，并推动农业科技水平提升以实现乡村产业全面振兴。我国农业基本实现现代化，现代农业机械全面普及，现代管理技术、通信和信息技术，特别是计算机得到普遍应用；现代生物(包括遗传育种)技术、现代自动化技术(卫星控制平地、灌溉、喷药、施肥及测产等)也广泛应用于农业。投入产出大幅提高，农业投入总量持续增加，其中农业科技投入占农业社会资产投入比重持续提高。到 2035 年农业劳动产出约为 2018 年的 7 倍，农业生产总值排名也居于世界前列。

其二，到 2050 年，在农业设施高度发达的基础上，农业生产资料的生产及供应,农产品生产及加工与农产品的收购、储藏、包装运输等流通环节相互连接,形成一个现代化的高效率产业链。投入产出进一步提高,劳动生产率在 2035 年的基础上再翻一翻,农业生产效益全面提高。绿色优质农产品生产广泛,基本实现标准化安全生产。农业生产和经营实现集约化、产业化、市场化、规模化,农业产前的种子种苗开发、推广和应用,农业产后的分级、包装、储藏、销售,均作为独立的产业来开发,产业链条基本形成。农业发展空间广阔,与二、三产业实现融合发展。乡村旅游、农村电商、现代食品、健康养老和农村快递等新产业新业态将发展为优势产业,并成为农业增效、农民增收、农村繁荣的新动能。优质大豆品种普及,成本降低、效益提高。奶业振兴,国内乳制品市场实现完全自给。完成海洋渔场建设,规范有序发展远洋渔业。粮经饲结构优化完成,青贮玉米、苜蓿等优质饲草料供应充足。与此同时,更好地满足人民对农产品数量、质量和种类的需要,提供更丰富、更优质、更安全、更健康的农产品。这不仅能够满足城镇消费需求,也能为工业发展特别是为农产品加工业的发展提供丰富的资源,保障我国经济高质量发展。乡村产业以制度、技术和商业模式创新为动力发展壮大,农村创新创业环境良好,农民创新创业活力十足。乡村新产业新业态的发展,将创造更多的就业岗位,实现农民就业渠道的多样性,提高农民收入水平,使农民生活水平不断提高。

(2)生态宜居。良好的生态环境是未来乡村的天然优势和宝贵财富。因此,生态宜居的乡村是乡村振兴的关键。乡村振兴必须尊重自然、顺应自然、保护自然,推动乡村自然资本增值,实现百姓富、生态美的有机统一。生态宜居的内涵包括生态环境和人居条件两个方面。农业农村部制定相关规划:到 2020 年实现农业用水总量控制,化肥、农药使用量减少,畜禽粪便、秸秆、地膜基本资源化利用的“一控两减三基本”目标任务;在稳步推进农村人居环境改善方面,落实《农村人居环境整治三年行动方案》,加强优化村庄规划管理,加大农村垃圾污水治理力度,推进厕所革命,提升村容村貌;发挥村级组织作用,建立长效机制。结合农业农村部的规划和乡村振兴战略的时间表,未来“生态宜居”的美好愿景大体如下。

其一,2035 年,我国乡村生态环境和人居条件和 2020 年相比将发生质的改变。在生态环境方面,农业发展不再依赖于对农业资源的过度攫取,农业资源利用向高产出低投入转变。与此同时,农业科技突飞猛进,立体农业进一步得到普及,耕地、草原、森林、河流、湖泊等自然资源适度利用,生态功能逐步恢复。科学的乡村规划使得农村闲置宅基地得到有效整合利用。农作物广泛进行太空育种等新型育种方式,使其对化肥和农药的依赖性减弱,化肥利用率达到60%，实现有机肥对化学肥料的部分替代，生物农药研制获得突破性进展，快速、高效、可降解成为可能。一大批规模化畜禽养殖场得到改造升级，畜禽粪污实现有效利用，对农村生态环境的负面影响大幅下降。全程一体化机械设备广泛使用，作物秸秆回收利用率接近100%，秸秆焚烧现象得到根本遏制。低价生物制剂被广泛应用，东北地区秸秆还田技术推广取得突破性进展。新型可降解农膜大范围推广，地膜污染环境问题得到解决。

其二，2035—2050年，乡村人居环境进一步改善。乡村整体规划更加科学，部分村庄完成拆村合并，实现生产生活区域分离。村落民俗建筑得以完好保存，闲置宅基地被合理利用，乡村绿化面积进一步提高。道路硬化基本实现全覆盖，农民出行便捷度大大提高。符合国家安全标准的饮用水接入千家万户，饮用水污染成为不可能。农村能源供应全面升级，石化能源让位于清洁能源，实现电气化在农村的全覆盖。科学合理的新式民居逐渐普及，冬暖夏凉并且降低能源消耗。农村生活垃圾和污水进行统一分类、无害化处理，生活垃圾回收利用率大幅提高，真正实现从美丽乡村建设到建设美丽乡村的转变。

(3)乡风文明。作为中国文化建设的重要组成部分，乡风文明是乡村振兴战略的内核，也是生活富裕的延伸。作为乡村振兴战略的重要目标之一，乡风文明关系到整个乡村振兴战略实施的大局，重塑文明乡风至关重要。根据乡村振兴战略整体规划，未来乡风文明的美好愿景大体如下。

其一，到2035年，在农村全面践行社会主义核心价值观，深化中国特色社会主义和中国梦宣传教育，大力弘扬民族精神和时代精神。加强爱国主义、集体主义、社会主义教育；破除封建迷信、金钱至上、享乐主义、功利主义、虚无主义等有毒、有害思想；移风易俗，杜绝农村铺张浪费的陋习陋规。进一步巩固农村思想文化阵地，倡导社会诚信道德，做到人民有信仰、社会更和谐，为推动乡村振兴提供精神动力。进一步重塑和构建乡村文化生态，大力发展乡村特色文化产业，紧密结合特色小镇、美丽乡村建设，深入挖掘乡村特色文化符号，盘活地方和民族特色文化资源，走特色化、差异化的发展道路。继承和发扬中华传统优秀文化和区域特色非物质文化，并体现在乡村精神风貌中。

其二，到2050年，进一步推动社会主义精神文明建设，弘扬时代新风，使农村成为精神生活朝气蓬勃，人民安居乐业的社会主义新农村。此外，乡风文明建设还要做到农村居民文化生活极大丰富，公共文化服务体系和公共文化产品供给极为完善，群众参与文化生活极为热情。并且，在原有文化产业的基础上，形成集产业、文化、风俗、地方特色和精神载体为一体的“文化综合体”。实现精神和物质的有机衔接，助力乡村全面振兴。

(4)治理有效。乡村治理是社会治理的基础和关键，是国家治理体系和治理能力现代化的重要组成部分。党的十九大报告提出乡村振兴战略，并描绘了“以党的基层组织为核心，以村民自治组织为主体，以乡村法治为准绳，以德治为基础的乡村治理体系”建设愿景，这既是在全面推进依法治国进程中加强基层民主法治建设的应有之义，也是推进国家治理体系和治理能力现代化的重要内容，更是当今我国乡村经济社会发展的必然要求。按照乡村振兴战略整体规划和当前乡村治理的实际情况，未来“治理有效”的美好愿景大体如下。

其一，到 2035 年，在全面建成小康社会的基础上，乡村治理体系和治理能力现代化基本实现。农村基层党组织在乡村治理中的战斗堡垒作用进一步增强，基层党组织“软弱涣散”问题基本得到解决；党员干部队伍治理能力和服务水平大幅度提升，先锋模范作用进一步彰显；人民群众最关心、最现实、最迫切需要解决的问题大部分得到妥善处理。村民自治管理体系进一步夯实，现代乡贤、宗族、各级社会组织积极参与乡村治理；农民作为乡村治理的主体地位得到真正确立。乡村社会伦理得以重构，乡民对乡村社会的认同感和归属感得到极大程度地强化。乡村法治体系逐步完善，各级法律教育、援助、仲裁组织基本建立；乡村法治教育得到普及；政府工作人员、乡村干部与农民一样，不仅懂法，而且守法。乡村德治秩序基本重塑，社会主义核心价值观深入人心。

其二，到 2050 年，在基本实现现代化的基础上，把我国建成富强民主文明和谐美丽的社会主义现代化强国，以党的基层组织为核心，以村民自治组织为主体，以乡村法治为准绳，以德治为基础的乡村治理体系完全建成。基层党组织在统领乡村治理中的作用得到极大增强，村民自治管理体系更加完善，农民在乡村治理体系中的主体地位得到全面确立，乡村法治、德治体系完全建立，各级治理主体积极、有序参与乡村治理。

(5)生活富裕。作为乡村振兴战略的核心目标，生活富裕既是社会主义新农村建设的努力方向，也是解决人民日益增长的美好生活需要与发展不平衡不充分矛盾的主要手段。衡量“生活富裕”具体可以落实到消费、医疗卫生和教育三个主要方面，结合乡村振兴战略各阶段的规划和当前农民收入的实际水平，未来“生活富裕”的美好愿景大体如下。

其一，到 2035 年，在消费方面，农村居民的网络基本普及，网络通信进入新时代。汽车已作为农民日常出行的主要交通工具之一，走进农村千家万户。有机无公害绿色食品全面进入农民家庭，城乡食物消费结构基本实现无缝对接，农民肉、蛋、奶的消费水平大幅提升，膳食结构更加合理。农村危房被全面改造，人均住房率大大提升。在医疗卫生方面，农村居民的医疗卫生服务将会向城镇居民看齐，看病难、看病贵的问题得到根本改善。在教育方面，彻底解决贫困落后地区的义务教育不普及的情况，基本达到普及高中教育的目标；职业中专教育培养一大批高技术工人，高层次人才培养世界领先。

其二，到2050年，在消费方面，农村互联网全面进入完全网络时代，新型网络通信工具将全面普及，腕式通信工具人手具备，家用电器进入智能控制时代，面部识别等随处可见。汽车进入新能源、智能化时代。在食品消费方面，有机无公害食品完全替代传统食品，人造牛羊肉成为现实，资源紧缺有效缓解。在居住方面，新式住房全面普及，原有落后住房建筑不复存在，农村家庭实现全智能化设备，生活便捷舒适。在医疗卫生方面，高科技与农村医疗卫生服务全面接轨，随着网络通信的快速发展，2050年，远程医疗诊断将在农村地区全面普及，通信工具还具备辅助医师诊断甚至智能诊断功能，智能零售药品机将按点安插在各处，方便诊断后药品的购买，医疗诊断全过程按照相关政策智能化折扣收费，既节约成本，又提高效率。在教育方面，一方面实现发达地区农村居民大学教育的普及，全面提升农村居民受教育水平，为实现生活富裕提供保障；另一方面，随着网络通信的普及，农村居民生活富裕的目标实现，远程网络教育得以全面在农村地区普及，教学任务也不再受时间限制，也可以实现多语种教学，满足各类人群的需求。

(二)量化愿景

习近平总书记和党中央已经提出了乡村振兴的宏伟蓝图，但构建科学、有效的乡村振兴评价指标体系是部署乡村振兴各要素有效聚集、流动，推进乡村振兴战略实施的重要基础。乡村振兴评价指标体系主要从“产业兴旺、生态宜居、乡风文明、治理有效、生活富裕”五个方面来进行构建，以推动和促进乡村振兴战略的早日实现。

1. “产业兴旺”评价指标体系与目标愿景

(1)粮食综合生产能力。粮食综合生产能力是保障国家粮食安全的核心指标，也是乡村产业的基础。结合当前中国的粮食生产水平和粮食年均增长率，力争到2035年粮食总产突破7亿t大关，基本改变当前粮食供求紧平衡的格局，到2050年粮食总产进一步突破8亿t大关，完全实现粮食供给的自给自足，并且还略有盈余出口国际市场。

(2)农业科技进步贡献率。科技进步是产业兴旺的基础，我国农业科技进步贡献率由2012年的53.5%提高到2017年的57.5%，取得了超级稻、转基因抗虫棉、禽流感疫苗等一批突破性成果。到2035年，科技进步贡献率力争提高到70%，育种技术获得新的突破，为保障国家粮食与食品安全，促进农民增收和农业绿色发展发挥重要作用。到 2050 年，农业科技进步贡献率达到 80％，农业农村科技创新整体实力进入世界前列，全面支撑我国乡村振兴战略和农业农村科技现代化发展。

(3)农业劳动生产率。2016 年我国农业劳动生产率为 3.1 万元/人，挪威、新西兰、澳大利亚和美国，分别为中国农业劳动生产率的 34.6 倍、28.7 倍、25.8 倍和 23.5 倍，而我国的非农业劳动生产率则高达 12.13 万元，非农业劳动生产率是农业的 4.01 倍。实现乡村产业兴旺目标，要实施新型农业经营主体培育工程，培育发展家庭农场、合作社、龙头企业、社会化服务组织和农业产业化联合体，发展多种形式适度规模经营，使中国农业摆脱低劳动生产率的羁绊，到 2035 年，力争农业劳动生产率提高到 4.7 万元/人，到 2050 年，实现比 2035 年翻一番，逐步缩小与发达国家之间的差距，缩小农业与二、三产业劳动生产率的差距，迈向高效率和高质量发展的阶段。

(4)农产品加工产值与农业总产值比。农产品加工业连接工农、沟通城乡，行业覆盖面宽、产业关联度高、带动农民就业增收作用强，是产业融合的必然选择，已经成为农业现代化的重要标志、国民经济的重要支柱。力争到 2020 年，规模以上农产品加工业主营业务收入达到 26 万亿元，农产品加工业与农业总产值比达到 2.4∶1；主要农产品加工转化率达到 68％左右，其中粮食、水果、蔬菜、肉类、水产品分别达到 88％、23％、13％、17％、38％；农产品精深加工和副产物综合利用水平明显提高，规模以上食用农产品加工企业自建基地拥有率达到 50％。到 2050 年，规模以上农产品加工业主营业务收入比 2035 年翻一番，农产品加工业与农业总产值比达到 2.8∶1；主要农产品加工转化率达到 73％左右，其中粮食、水果、蔬菜、肉类、水产品分别达到 92％、27％、18％、25％、46％，农产品精深加工和副产物综合利用水平明显提高。规模以上食用农产品加工企业自建基地拥有率达到 55％。

2. “生态宜居”评价指标体系与目标愿景

(1)畜禽粪污综合利用率和秸秆利用率。畜禽养殖业废弃物排放是农村地区面源污染的重要原因，但畜禽粪污经过有效处理对农业生产将会发挥积极作用，因此，畜禽粪污综合利用率既能衡量农村环境污染程度，又是衡量资源转化利用的重要指标。在 2035 年，力争畜禽粪污综合利用率达到 90％，2050 年的目标是利用率接近 100％。此外，作物秸秆的处置和利用同样关系到乡村环境。未来随着秸秆可降解技术和机械设备的不断升级，秸秆焚烧问题将得到彻底解决。到 2035 年，力争秸秆回收利用率达到 90％，2050 年将实现 100％利用。

(2)乡村规划率和闲置宅基地面积比重。乡村的科学规划对于改善农村居民的人居环境将发挥重要作用,因此,将乡村规划率作为"生态宜居"的重要指标。到2035年,力争乡村规划率达到70%;2050年,乡村规划率进一步提高到90%。此外,随着城乡一体化进程不断加快,乡村闲置宅基地将会不断增多,有效利用闲置宅基地对提升农村居民人居环境至关重要,因此有必要也将其纳入范围。到2035年,力争闲置宅基地面积占比降低到30%,2050年进一步降低到10%。

(3)村庄绿化覆盖率和道路硬化率。村庄绿化覆盖率是衡量村庄绿化面积的重要标准,村庄绿化对乡村生态环境具有较强的净化作用,因此,也将其作为"生态宜居"的重要指标。到2035年,村庄绿化覆盖率力争达到45%,2050年则进一步达到70%。此外,道路硬化对农村居住出行条件的改善极为关键,因此,到2035年,道路硬化率力争达到70%,2050年进一步达到85%。

(4)农村卫生厕所普及率和垃圾回收处理率。农村地区的公厕设施普遍较差,加速了疾病传播和环境污染,因此,我国政府积极推进厕所革命,并取得显著成效,由此我们将农村卫生厕所普及率作为评价乡村人居环境的重要指标。卫生厕所普及率在2035年力争达到90%以上,到2050年实现卫生厕所在乡村的全覆盖。此外,农村生活垃圾和生产垃圾的随意处置也会造成严重的面源污染,所以非常有必要对生产生活垃圾进行分类处置和利用。到2035年,垃圾回收处理率力争达到70%,2050年提升到90%以上。

(5)安全饮用水普及率。由于安全饮用水对农村居民的身体健康意义重大,因此,农村地区的饮用水安全也应该成为人居环境改善的重要指标。目前,乡村水环境治理已初见成效,但还需要进一步扩大范围、提高产量。力争到2035年,安全饮用水普及率达到90%,2050年实现安全饮用水在乡村地区的全面覆盖。

3."乡风文明"评价指标体系与目标愿景

(1)文化教育建设。举世闻名的乡村建设大师晏阳初先生认为"穷、愚、弱、私"是中国农民的四大弱点,因此,需要通过文化教育去改变农民愚昧的思想。晏阳初先生终其一生都在推动平民教育,可见文化教育对乡村建设的重要功用。新时代,乡村振兴战略包含了更加丰富的内涵,乡风文明建设也需要多管齐下,然而教育依旧是乡风文明建设的基础。结合乡村振兴和乡风文明建设的整体规划,在文化教育建设方面,到2035年,学龄儿童净入学率达到98%;农村人口平均受教育程度达到10年以上,进一步推广12年制义务教育;家庭文教支出占总支出的比重达到12%以上;到2050年,符合入学条件的学龄儿童净入学率接近100%；农村人口平均受教育程度达到12年以上，12年制义务教育在全国普及；家庭文教支出占总支出的比重达到15%以上，实现农村和城镇教育水平的均等化。

(2)公共文化发展。在乡风文明建设中，教育是基础，公共文化发展则是重要推力。公共文化包括丰富农民文化生活的硬件设施和模范家庭、党员乡贤的先锋示范。通过提高农村文化设施的配置，有助于丰富农民的精神生活，改变农村原有迷信、赌博等不良习气。而模范家庭、党员乡贤的示范带动，历来都是促进乡村和谐、善治的重要举措，在新时代下更将扮演关键角色。结合乡村振兴和乡风文明建设的整体规划，在公共文化发展方面，到2035年，人均公共文化设施面积进一步提高到0.9 m^2；"星级文明户""文明家庭"所占的比重达到30%；党员乡贤在农村基层党组织中的占比达到7%；到2050年，人均公共文化设施面积达到1.2 m^2，"星级文明户""文明家庭"所占的比重达到35%，党员乡贤在农村基层党组织中的占比达到10%。

(3)优秀文化传承。中国灿烂的传统农业文明是古代中国贡献给全世界宝贵的文化资源，具有极高的当代价值和意义。因此，对传统农业文化的发掘和利用将成为实施乡村振兴战略中乡风文明建设的重要组成部分。对优秀文化的传承既需要政府的支持，同时也需要通过市场转化的方式提高传统文化传承的可持续性。结合乡村振兴和乡风文明建设的整体规划，到2035年，保护发展地方优秀特色文化的农村财政投入比例达到10%，地方优秀特色文化的市场转化率达到28%；到2050年，保护发展地方优秀特色文化的农村财政投入比例达到12%，地方优秀特色文化的市场转化率达到32%。

4."治理有效"评价指标体系与目标愿景

(1)基层党组织建设。分别设置"村党组织书记兼任村委会主任的村占比、村现代远程设备普及率、党员教育程度、农民群众对本届党委满意度、集体经济强村占比"五个指标。依据乡村治理现代化时间节点，到2035年，村党组织书记兼任村委会主任的村占比预计达到90%，村现代远程设备普及率达到95%以上，党员教育程度达到大学专科，农民群众对本届党委满意度达到90%及以上，集体经济强村占比达到30%；到2050年，村党组织书记兼任村委会主任的村占比达到100%，村现代远程设备普及率达到100%，党员教育程度达到大学本科，农民群众对本届党委满意度达到100%及以上，集体经济强村占比达到50%。

(2)村民自治体系建设。分别设置"基层民主选举投票率，重大事项村民参与决策率，乡镇政府对村内事务决策的干预程度，村民对自身参与村内事务管理的权利感知程度，村民们对民主监督村委工作、干部以及财务状况的认同程度”五个指标。按照乡村振兴规划愿景，预计到 2035 年，基层民主选举投票率能够达到 90%及以上，重大事项村民参与决策率达到 85%及以上；乡镇政府对村内事务决策的干预程度减小到 20%以下，村民对自身参与村内事务管理的权利感知程度达到 85%及以上，村民们对民主监督村委工作、干部以及财务状况的认同程度达到 85%及以上；到 2050 年，基层民主选举投票率能够达到接近或达到 100%，重大事项村民参与决策率达到 100%，乡镇政府对村内事务决策的干预程度减小到 5%以下，村民对自身参与村内事务管理的权利感知程度达到 100%，村民们对民主监督村委工作、干部以及财务状况的认同程度达到 95%及以上。

(3)乡村法治建设。分别设置“乡村法治教育普及率、村民事/刑事案件发生率、平安村占比、村民对基层干部守法的评价、村法律援助中心普及率”五个指标。预计到 2035 年，乡村法治教育普及率达到 100%，村民事/刑事案件发生率控制在 5%以内，平安村占比达到 85%及以上，村民对基层干部守法的评价达到 95%及以上，村法律援助中心普及率达到 90%及以上；到 2050 年，乡村法治教育普及率稳定在 100%，村民对基本法律制度的理解进一步加深；村民事/刑事案件发生率控制在 1%以内，平安村占比达到 95%及以上，村民对基层干部守法的评价达到 99%及以上，村法律援助中心普及率达到 100%。

(4)德治建设。分别设置“有村规民约的村占比、文明村占比、村信用户占比”三个指标。预计到 2035 年，有村规民约的村占比达到 100%，文明村占比达到 70%，村信用户占比达到 80%；到 2050 年，有村规民约的村占比稳定在 100%，村规民约在规制村民言行方面起到实际作用，文明村占比达到 95%及以上水平，村信用户占比达到 95%及以上水平。

5. “生活富裕”评价指标体系与目标愿景

(1)农村居民恩格尔系数。根据相关经验和理论，随着一国经济发展水平的提高，居民恩格尔系数会呈下降趋势。意即与农村居民生活逐步富裕相对应的是食品消费支出占比应大幅下降。参照 2020 年农村居民恩格尔系数达到 30.2%的目标，2035 年农村居民恩格尔系数力争降到 23.2%左右，2050 年则进一步降到 15%～20%。

(2)农村居民人均收入和住房面积等资产性指标。收入作为资产性指标的代表，是农村居民生活富裕程度测度的重要指标，实际收入水平的提高直接决定了农村居民生活是否富裕，只有实际收入水平提高了才能满足人民日益增长的消费需求。到 2035 年，我国农村居民的人均年纯收入力争达到 30 000

元以上，人均年消费支出达到 25 000 元；2050 年，我国农村居民人均年纯收入提高到 50 000 左右，人均年消费支出达到 40 000 元以上。

(3)城乡居民收入比。随着经济的发展和乡村振兴战略的深入实施，城乡居民收入差距将会逐步缩小。2016 年我国城乡居民收入比为 2.72，参照 2020 年 2.69 的目标，2035 年城乡居民收入比力争降到 2.0，2050 年进一步下降到 1.5 以下。

二、新时代乡村振兴科技需求分析

1. 科技创新与乡村振兴的内在联系

(1)科技创新与产业兴旺。科技创新为农业产业兴旺培育新动能。产业兴旺关键在质量兴农、绿色兴农，要深化农业供给侧结构性改革，推动农业由增产导向转向提质导向，从根本上来说，就是要依靠科技创新转变发展方式，转换增长动力，提高农业创新力、竞争力和全要素生产率，加速我国由农业大国向农业强国的转变。

(2)科技创新与生态宜居。科技创新为农村生态宜居提供新方案。生态宜居就是要尊重自然、顺应自然、保护自然，确保农村良好生态环境这一乡村最大优势和宝贵财富。加强农村自然资源保护，应对农村突出环境问题，合理开发农业生态资源，需要科学的指引、技术的支撑和创新的推动。

(3)科技创新与乡风文明。科技创新为农村乡风文明引领新风尚。乡风文明就是培育文明乡风、良好家风、淳朴民风，不断提升乡村社会文明程度。当前，我国一些乡村存在迷信、恶俗、陋习等不文明现象，其核心原因就是农民科学文化素质有待提高。不断提高农民科学文化素质是提升乡村文明水平的关键一招。加强农村科学文化普及，用科学武装头脑，用文化滋润心田，引领形成卫生、文明、科学的生活风尚。扎实推进科技惠民，以科技创新带来的实在收益和获得感，激发农民对新知识和新科技的内在需求和渴望。利用移动互联网、“两微一端”(微博、微信及新闻客户端)等新科技手段，深度开展中国特色社会主义、中国梦和社会主义核心价值观等宣传教育，打造健康文明生活方式。

(4)科技创新与治理有效。科技创新为农村治理有效构建新模式。治理有效关键就是建立健全党委领导、政府负责、社会协同、公众参与、法治保障的现代社会治理体制。现代化技术手段应用不足是制约当前农村治理体系和治理能力现代化的一块短板。要充分利用远程教育等现代科技工具，强化基层党组织建设，加强上级党组织对农村基层党组织的领导。要充分利用大数据、人工智能等技术打造乡村治理和服务系统，为平安乡村、村民自治、乡村法治德治等方面提供重要技术保障。要充分利用互联网、移动通信、智能终端等信息技术和产品，实现村民有效知情、有效参与、有效监督。

(5)科技创新与生活富裕。科技创新为农民生活富裕拓展增收新空间。实现生活富裕的基础就是要稳步提高农民收入水平，提升农村民生保障水平。科技创新作为现代化经济体系的战略支撑，是农民增收致富的强大引擎，在脱贫攻坚、健康医疗等方面具有重要支撑作用，推动农村基础设施提档升级，加速弥合城乡数字鸿沟。要以农业现代化延长农业产业链、提升价值链、完善利益链，以科技服务平台支持农民开展创新创业，推动农民高质量就业，带动农民增产增收(王志刚，2018)。

2. 农业农村现代化需求层次和次序

从本质上看，城市现代化与农业农村现代化没有明显的区别，二者对物质、文化、环境和社会发展的追求在方向上是类似的。

(1)农村物质生活和精神生活相互关系。人类生活需求是一个内涵相当广泛的概念，它包括人们物质生活方面的衣、食、住、行、劳动工作、教育医疗、休息娱乐、社会交往等，以及精神生活方面的价值观、道德观、世界观、审美观、情感、心理等(图 4-1)。生活方式是个人和群体在长期的社会化进程中形成的一种行为倾向和行为模式，决定了个体社会化的性质、水平和方向。生活方式是一个历史范畴，随着社会的发展而变化，同时又会反作用于个人的思想意识。总之，生活方式的变化直接或间接影响着一个人的行为倾向和思想意识(柳伯力，2012)。

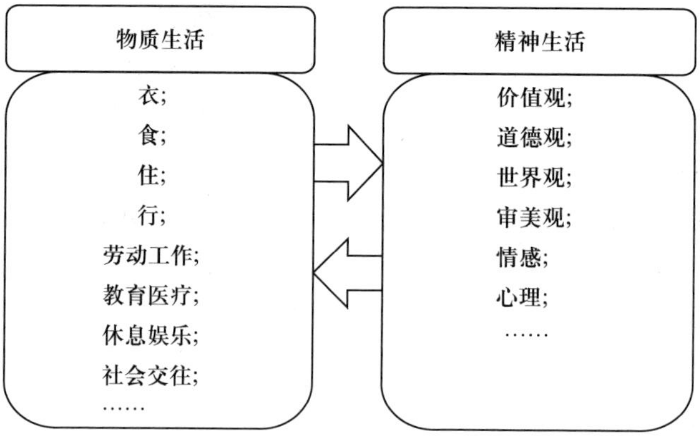

图 4-1　人类生活需求的主要内容

(2)中国城乡发展差异及差别层次。中国的城乡差别有三个层次：一是物质差别，这是当前全国大多数农村最基础也是最迫切需要解决的问题；二是公共管理服务不均等，乡村的学校、医院、社保、基础设施建设和城市都无法相提并论，那么要如何做到“城里有的，农村照样有”，让农民享受到城里人的公共服务；三是居民就业能力的差别，这是根本性的问题，本质其实是人的问题，即如何实现教育水平、文化水平、劳动技能的跨越式发展。少数农村基本解决了第一、第二层次的差距，而大部分农村尚在探索第一层次的突破。

3. 基于实地调查的农业农村现代化需求分析

(1)乡村振兴发展需求分析。从农业农村现代化对于生活空间、生产空间、生态空间的发展需求来看，大致将“三生”空间各类发展科技需求分为以下方面。农村面临的首要问题还是发展问题，调研中针对乡村振兴战略主要内容(产业兴旺、生态宜居、乡风文明、治理有效、生活富裕)的关注度等及重点关注内容进行了提问，农村居民对于乡村振兴发展的期盼度大致呈以下规律：生活富裕＞生态宜居＞产业兴旺≥乡风文明＞治理有效(图 4-2)。

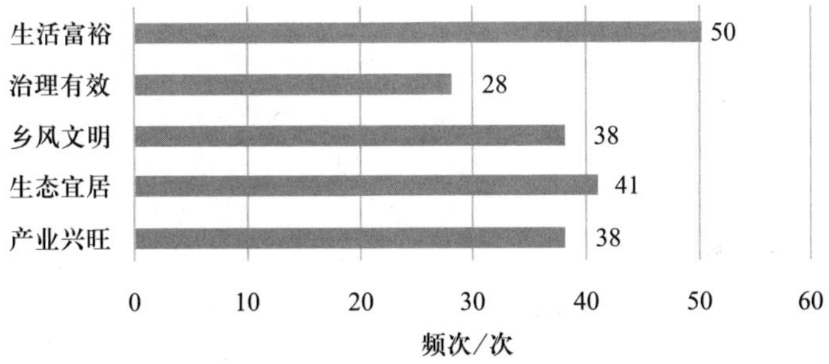

图 4-2　乡村振兴关键字关注频次

调研发现，农村居民对生活富裕的期盼度最高，而对于乡村治理这部分的期盼度相对较低。村民对于医疗、住房、基础设施建设、教育等方面的关注度尤其高，其他方面内容的关注度则相对低(图 4-3)。综上，我国农村居民实现农业农村现代化的需求发展基本遵循“从物质到精神”“从有形到无形”“从看得见到看不见”的趋势。首先，着力提高农村地区“物”的现代化，推进城乡基本公共服务均等化的力度，让农村的路和城里一样平、灯和城里一样亮、水和城里一样净、网和城里一样通畅。推进农业农村现代化也要努力实现“人”的现代化。要把人力资本开发放在首要位置，强化乡村振兴人才支撑，汇聚各类人才书写乡村振兴的大文章。

(2)农村生产空间科技创新需求分析。我国人多地少，农业生产资源短缺，要支撑现代农业服务农村生产的现代化，必须加大科技创新。调研发现，

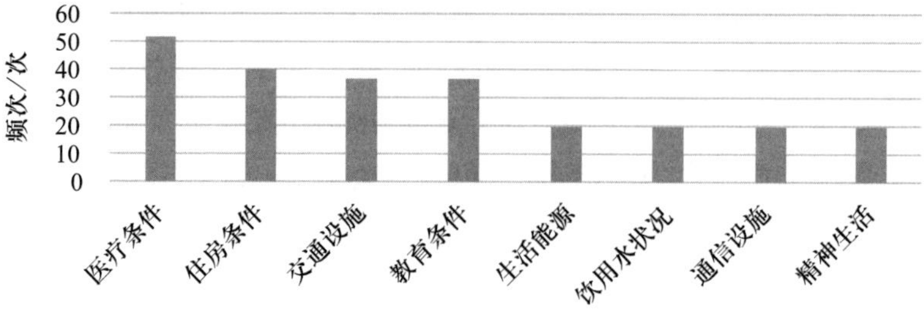

图 4-3 乡村振兴主要关注点关注频次

农村居民普遍认为农业应以发展现代农业为主，以实现"产业兴旺"为目的，增强产业融合，加快技术集成和推广，发展绿色农业，配套相应的商业和服务业等发展路径，同时进一步优化和提升农业资源的利用效率等。另外，调研发现农村居民对于科技推广应用和农技培训方面的需求较为强烈(图 4-4)。

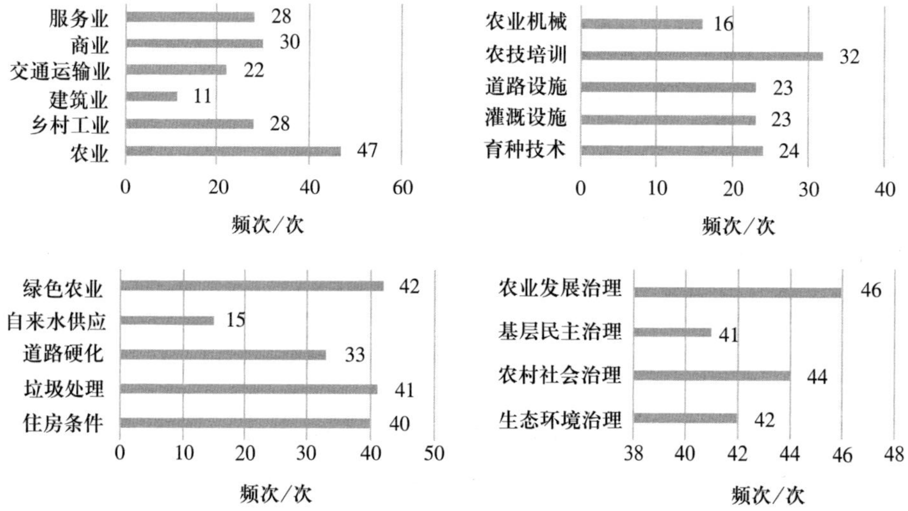

图 4-4 农村生产需求关注频次分析

(3)农村生活空间科技创新需求分析。农村生活空间的质量提升是实现乡村"生态宜居、乡风文明、治理有效"最直接体现的部分。调研中，农村居民对于乡村振兴的生态宜居、人居环境改善、基础设施建设、乡村文化建设方面需求较为强烈，其中对于垃圾治理、道路基础设施改善、医疗、教育等公共服务提供等具体问题需求非常明显(图 4-5)。

(4)农村生态环境科技创新需求分析。随着国家生态文明建设的进行，农村居民对于促进人居生活环境和生态环境有机融合，实现人与自然和谐共生

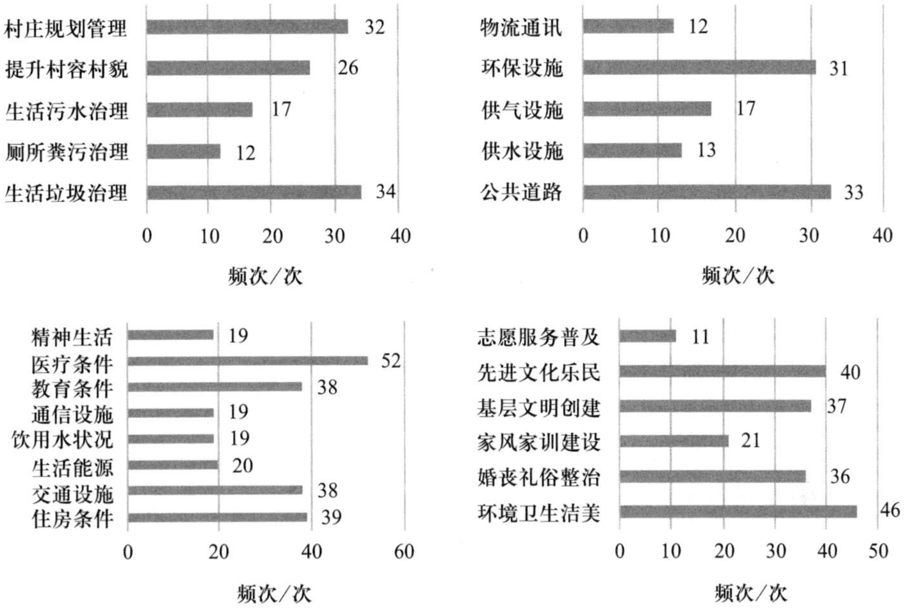

图 4-5　农村生活需求关注频次分析

的需求日益旺盛，乡村的生态环境建设不仅是农村居民的期望，也是优化区域生态环境的关键所在。调研发现，目前农村居民对于自身村庄的生态环境状况存在不满意的情况，居民对于生态环境保护、人居环境改善方面的需求迫切，这与实现人民对美好生活需要的目标相一致(图 4-6)。

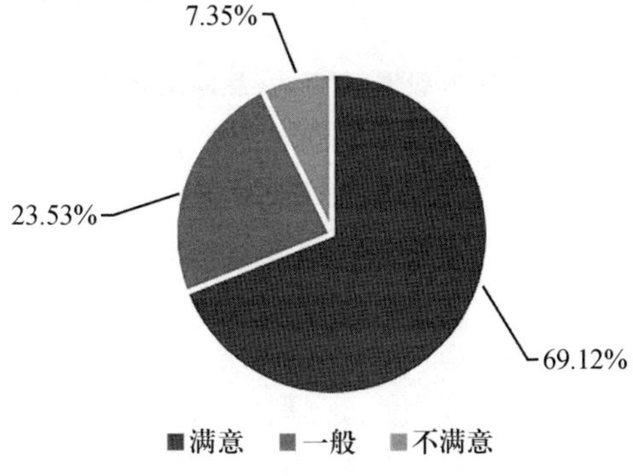

图 4-6　农村生态环境满意度调查

4. 新时代我国农业农村现代化科技创新需求重点

(1)农业农村现代化科技创新需求重点。农村生产现代化主要需求包括土地质量提升、功能转型、高效利用；生产设施配套；多功能产业融合；灾害防治;新型设备研发;信息化平台建设等。农村生活空间主要由人类生活的衣食住行等方面构成,针对农村生活空间的主要问题,农村生活空间现代化主要需求包括以下几个方面:村镇规划和建设、功能分区整合;现代化住宅设计;公共服务均等化需求;教育、医疗保障;生活能源供应;乡村治理现代化;公共设施配套;交通通信等。调研发现,农村居民对于乡村基础设施提档,实现宜居的生活环境和实现城乡服务均等化等方面需求最为强烈和迫切,突出表现在医疗、住房、教育、环境卫生、绿色发展等方面。针对农村生态环境问题,农村生态环境现代化主要需求包括以下几个方面:绿色可持续发展;"三废"处理、治理和再利用;生态环境修复和改善;美丽乡村美丽田园等(图 4-7、图 4-8)。

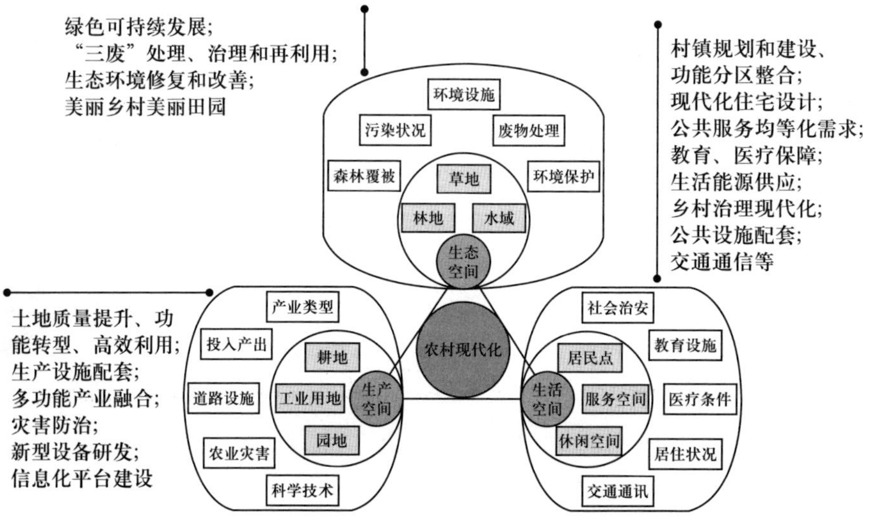

图 4-7 农业农村现代化"三生"空间发展需求重点

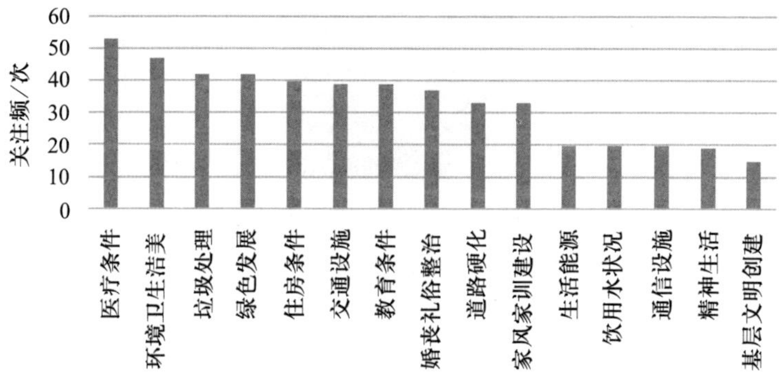

图 4-8 农业农村现代化"三生"空间发展需求重点关注方面排序

(2)农业农村现代化“三生”基础设施建设。基础设施的改善是根本。与城市相比,农村各项基础设施薄弱,是制约农业农村现代化水平的主要方面。基础设施配套的推进,要以第三产业发展作为动力,两者相互促进,形成协同作用(图 4-9)。

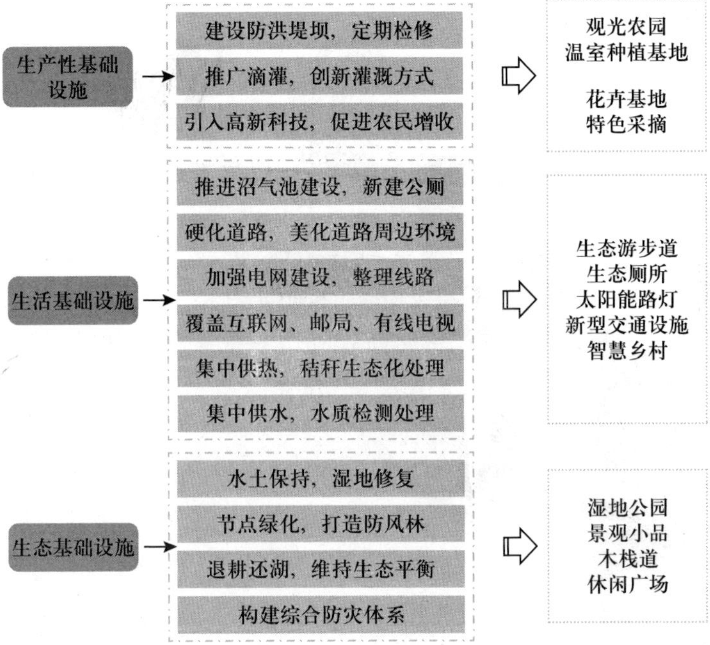

图 4-9　农业农村“三生”基础设施发展需求

(3)乡村地区公共服务的城乡均等化。农村居民对于医疗、教育、健康、养老等公共服务的需求日益明显和突出,政府应从服务和保障农村居民对医疗、教育、健康、养老等公共服务需求的目标出发,进行科技创新。

(4)乡村地区生态宜居的需求。提升和改善农村人居环境、生态环境保护和治理。“我们既要绿水青山,也要金山银山。宁要绿水青山,不要金山银山,而且绿水青山就是金山银山。”但在多年粗放式发展模式占据主导的背景下,部分农村地区环境污染严重,绿水青山不见踪影,“废水荒山”却随处可见。环境恶化消耗乡村地区的发展潜力,也对乡村居民的生活质量构成严峻威胁。推动乡村振兴战略就是为了扭转不合理、不正确的乡村发展道路,扬弃传统粗放式的经济发展模式,建立高质量、低污染、可持续的乡村发展新方略。农村地区占全国土地总面积的 94%以上,这就意味着农村人居环境的发展情况,将直接影响我国整体人居环境的水平(关振国,2018)。政府应以建设美丽宜居村庄为导向，以农村垃圾、污水治理和村容村貌提升为主攻方向，开展农村人居环境整治行动，全面提升农村人居环境质量。

(5)乡村文化繁荣和现代化治理的需求。农村居民对于挖掘区域乡土文化内涵传统，延续乡村文化血脉，繁荣乡土文化，实现乡村治理现代化的认同感越来越强烈。乡村振兴不仅要有“面子”，更要有“里子”，也不能只是一个单纯的经济议题，而应以文化振兴为前提和根本。

(6)农业农村现代化“三生”空间重构和协同发展的需求。乡村空间分为生产空间、生活空间、交流空间、信仰空间、道德空间、商业空间等类型，与人们的生活密切相关。我国乡村土地面临数量少、质量差、效益低、生态恶化、景观文化功能缺失等一系列问题，这主要是由于我国当前过度重视乡村土地发展数量，而往往忽视乡村土地的质量保障、生态维护、功能协同等方面。乡村土地功能亟待从以生产功能为主向经济功能、生态功能、景观文化功能等多功能协同发展转型，从单一的资源保护向高效利用和生态环境友好转变，充分发展和提升乡村土地的生态、景观、文化功能，这是实现节约资源和保护环境的空间格局、产业结构、生产方式和生活方式的重要途径。因此，优化乡村土地功能，重塑乡村土地资源，重组乡村土地空间，是支撑我国粮食安全、生态安全、农民权益安全，调控与协同人地关系，实现我国乡村振兴战略的重要支撑。

第五章

我国农业农村科技工作"四梁八柱"结构和功能研究

实施乡村振兴战略，创新驱动是核心动力。本研究针对我国农业农村科技整体上创新驱动发展的能力仍显薄弱的问题，以习近平新时代中国特色社会主义思想为根本遵循，依据创新、协调、绿色、开放、共享发展理念，基于国际农业农村科技创新的先进经验，研究建立新时代农业农村科技创新发展的理论体系，从创新主体、创新基地、创新体制、创新生态等方面开展系统研究，指出我国特色农业农村科技工作"四梁八柱"的基本结构、功能和主要结构要素之间的关系，构建符合我国农业农村科技发展规律，结构完整、创新高效、功能完善、运行顺畅的中国特色现代农业农村科技创新体系，形成创新驱动发展的实践载体、制度安排和环境保障，为乡村振兴战略提供持续科技支撑。

一、我国农业科技创新体系建设的现状与不足

农业科技创新体系是国家科技创新体系的重要组成部分，是发展现代农业的重要支撑。我国农业科技创新体系与整个国家的农业发展战略基本吻合。在计划经济时代，农业的主要矛盾是供需，农业科技的主要任务是保障供给，所以整个学科建设、机构设置等都是以保证"量"的增长为主要导向的。20世纪末，我国农业整体上进入"总量平衡、丰年有余"的新的发展时期，农业在保证供给的同时，必须注重效益，且在战略领域保持领先，在新型领域抢占制高点，农业科技体系因此进入调整、完善和提升的新阶段（黄俊，2011）。

2005年1月16日，中国农业科学院等全国31个省、市、自治区农业科学院、10所农业高等院校的200多名领导、专家和科技部、农业部的领导，在北京联合倡议建设国家农业科技创新体系，形成全国农业科研一盘棋，以大幅提升全国农业科技创新能力。会上建议该体系由国家农业知识创新平台、农业技

术创新平台、农业科技成果转化平台为主导的网络体系，负责全国公益性重大农业科学研究、技术开发与试验推广活动。其核心组成部分是国家农业科技创新中心、国家农业科技创新区域中心和国家农业科技试验站（范建，2005）。2005 年 4 月 4 日，国家农业科技创新体系建设工作领导小组在京召开了第一次会议，标志着由农业部、科技部等部委共同推动的国家农业科技创新体系建设正式启动。要求国家农业科技创新体系建设按照“科学布局、优化资源、完善机制、提升能力”的指导思想，围绕促进农业稳定增产和农民持续增收，提高农业综合生产能力，保障国家粮食安全，坚持自然生态区域与行政区划相结合、条件建设与机制创新相结合、技术创新与产业发展相结合、整合资源与优化配置相结合、统筹规划与分类实施相结合的原则，构建“层次清晰、分工明确、运行高效、支撑有力”的国家农业科技创新体系。2007 年，国家编制了《国家农业科技创新体系建设方案》，要求全面落实《农业科技发展纲要（2001—2010 年）》的有关要求，构建由国家基地、区域性农业科研中心、试验站和企业技术研发中心等组成的国家农业科技创新体系，形成了我国在组织化层面上农业科技创新体系建设的总体思路。此外，分散化的其他农业科研单位、大学和企业构成了更广泛意义上农业科技创新体系的外围。

十多年过去了，我国农业农村科技虽然取得了突出的成就，但是与新时代农业农村现代化发展的需求相比，我国现有农业农村科技发展依然存在诸多的“不平衡、不充分”的问题。党的十八大以来，党中央、国务院高度重视质量发展工作，习近平总书记在许多重要会议上多次作出重要指示和部署，对质量兴农提出了明确的要求。在党的十九大报告中习近平总书记指出，我国经济已由高速增长阶段转向高质量发展阶段，必须坚持质量第一、效益优先，以供给侧结构性改革为主线，推动经济发展质量变革、效率变革、动力变革，提高全要素生产率。这一重要论断，明确了我国经济发展的阶段特征、方向路径和主要任务。高质量发展，是大形势、大格局、大逻辑。在 2017 年中央经济工作会议上习近平总书记强调，推动高质量发展是当前和今后一个时期确定发展思路、制定经济政策、实施宏观调控的根本要求；要推进农业供给侧结构性改革，坚持质量兴农、绿色兴农，农业政策从增产导向转向提质导向。这一重要论断，深刻指出了推进高质量发展的重要意义，指明了农业农村经济发展的努力方向。2017 年 6 月，科技部等 16 个部门联合发布《“十三五”农业农村科技创新专项规划》，进一步提出要适应农业科技公共性、基础性、社会性的特点，加快构建符合农业科技发展规律，结构完整、创新高效、功能完善、运行顺畅的国家现代农业科技创新体系，形成创新驱动发展的实践载体、制度安排和环境保障。

总体上，我国农业科技创新体系建设的主要特征与不足主要体现在以下几个方面。

(1)注重以政策性文件推动创新体系建设。我国在农业科技创新体系建设上注重政策性文件的引导和协调，如有关“三农”问题的中央一号文件《国家中长期科学和技术发展规划纲要(2006—2020 年)》《国民经济和社会发展第十二个五年规划纲要》《农业科技发展纲要(2001—2010 年)》《农业科技发展规划(2006—2020 年)》《国家农业科技创新体系建设方案》《全国农业和农村经济发展第十二个五年规划》等。以上政策性文件在引导资源整合配置中发挥了重要作用，体现出了我国单一制国家结构形式下对调配社会资源的优势。

(2)农业科技创新体系产学研衔接有待加强。发达国家如美国是按照农业区域特点和行政区划划分八大区域的农业科研服务机构，而我国科研体系主要按照行政区划设立。在纵向层面上，形成了国家级、省级、地市级农业科研机构，为全国农业科技发展的共性问题和区域性问题的解决提供支撑，但科研单位对成果推广和产业发展的责任较为淡化，产学研结合不紧密；在横向层面上，农业部、科技部、教育部及其下属单位均可通过项目形式为农业科技创新提供支持，但课题的设置重点体系化程度不高，机构重叠、任务交叉的现象仍然比较多，成果推广和向产业延伸的动力不足，产学研衔接仍不够紧密。

(3)大学偏重科研和教育，成果转化和推广能力弱。在国家科技方针的指引下，我国农业高校多向研究型方向发展，且在宏观层面上有递进式向非农业领域拓展的趋势；与之相随的是，综合性大学设有农学院的虽不多，但在学科和课程设置上大多设有与农业相关的学科，尤其是生物、环境和医学等领域与农业领域多有交叉。农业类院校在农业科技的创新和发展中发挥了重要作用，但大多偏重科研和教学，且在科技资源流动、信息共享、人才联动等方面没有形成高效机制。在科研上，对实际生产需求的关注仍然不够，导致对下游科研机构的辐射传输能力不强；在教学上，以理论课程的讲授为主，传授的知识与实际生产的贴切度不够，培养的人才对基层农业生产的了解不足。总体上，成果转化和推广能力不足。

(4)企业在科技创新中的地位逐渐受到重视，主体化趋势明显。与国外企业广泛参与农业科技研发不同，我国私人企业在农业科研投资中的比例不足2%，且科研投资高度集中于农作物。企业游离于研发之外或不具备与产业发展相匹配的自主研发能力，进一步加剧了产学研的天然分割，严重影响了产业发展。近几年来，我国政府已逐渐明晰了企业在科技创新中的作用和潜力，努力推进企业创新地位的提升。2007 年，新修改的《中华人民共和国科技进步法》明确指出，建立以企业为主体，以市场为导向，企业与科技研发机构、高校相结合的技术创新体系。2010 年，农业部倡议组建了中国种业知识产权联盟，提升了中国种业的核心竞争力。2011 年 4 月，国务院出台了《关于加快推进现代农作物种业发展的意见》，再次强调坚持企业的主体地位，以育繁推一体化种子企业为主体整合农作物种业资源，充分发挥企业在商业化育种、成果转化与应用等方面的主导作用。

二、我国农业科技创新体系建设的问题诊断

农业科技创新体系问题一直是我国学术界关注和研究的话题。南京农业大学覃肖响和王树进(2006)研究归纳了影响我国农业科技创新体系运行的问题。通过对 37 个问题的因果分析，得出我国农业科技创新体系运行存在的主要问题有 5 个：一是成果质量低，二是成果转化率低，三是系统运行效率低，四是自主创新不足、科技储备下降，五是综合性重大成果少。进一步通过影响因素分析，把造成以上 5 个问题的原因归纳为 10 个。一是农业科技管理制度不尽合理，包括利益分配不科学、缺乏有效的激励机制，科技成果评审制度不合理，科技计划管理不力等。二是农业科技管理体制不尽合理，包括农业科技创新动力单一，机构布局不合理、管理条块分割、缺乏协作，学科专业设置过窄，科研、教育、推广三者缺乏有效协调机制，产学研互动机制不完善，推广体系不合理等。三是科研资金来源单一。四是技术市场和中介组织不完善，包括市场和中介组织不成熟，中介机构组织管理不规范、功能不全。五是缺乏法律法规与政策支持体系。六是缺乏创新人才，包括人员整体素质不高、缺乏高级创新人才，农业科技管理人才不足等。七是农民不是技术创新的主要动力和参与者。八是技术传播不畅。九是投入结构不合理。十是企业普遍存在规模偏小、管理不善、融资难、投资的短期行为、科研人才匮乏等问题。进一步通过定量分析结果发现直接响程度比较大的因素主要在于：农业科技管理制度不尽合理，缺乏法律法规与政策支持体系，投入结构不合理，企业规模偏小、管理不善、融资难、投资的短期行为及科研人才匮乏 5 个方面。

经过 20 多年的发展，我国农业科技体制和创新人才队伍有了极大的改善，但是，新形势下农业科技创新依然存在以下关键问题。

(1)产业政策“合力不一”。农业科技创新具有一定的独立性，研发出来的科技得到广泛应用的前提是首先需要产业发展对科技有需求。2004 年以后，

中央连续出台了13个一号文件。自党的十八大以来，中央及地方关于“三农”发展的政策、规划等也不断出台，涉及农业生产、经营、生态等方方面面。但是，目前农业发展依然问题重重，农业产业发展的区域结构、农产品结构、产业融合结构及经营体系的结构依然没有得到根本优化与改变，导致科技难以发力。其根本原因在于产业需求端，目前支持产业发展的政策不够具体细化，多数是自上而下的指导性、方向性政策，同一产业往往涉及不同部门，纵向和横向的管理与执行上缺乏统一的协同机制，产业发展缺乏统一的顶层设计和管理，没有形成统一有效的改革、优化、支持农业产业发展的合力。

(2)创新方向“靶向不准”。从技术供给侧的角度来讲，农业科技创新本身与产业需求结合不够，不能有效支撑产业发展。究其原因，在于农业科技创新方向与产业发展需求在某些方面存在“错位”。一是“方向错位”，农业科技研发方向主要突出“高产再高产”，而农民和企业往往关心“经济高效”；二是“适用错位”，许多农业技术的研究要么多数对小农户适用，不适合规模经营主体，要么是适合规模经营主体的“高大上”技术，不适合普通的一家一户的生产模式；三是“远近错位”，科学家的研究多数关注技术发展前沿性、长远性的技术方向，而产业需求往往是现有成熟技术的集成应用即可；四是“前后错位”，农业科技项目多数是生产环节，针对产后加工、储藏、流通、经营等环节的科技支撑数量较少。以上问题导致了目前农业科技创新方向整体上未能“靶向精准”地支撑产业发展。其根本原因在于科技创新主体目前多数是关心基础性、前沿性的科研院所的科学家，而真正与产业发展需求紧密相关的企业科技创新和产业科技服务体系人员不足。

(3)创新主体“活动不够”。从农业技术供给的“质量”来讲，目前的先进性与适用性不够。首先，尽管前沿研究一直在做，但是有显著性突破、能够大幅度提升产业规模与效益的颠覆性技术较少，主要是因为多数研究依然是“跟跑”国际前沿方向，缺乏自主原创的研发方向。其次，即使研发出与国际先进水平相当的技术或产品，也往往只是“形似”，核心的“关键部件”依然没有突破，实际应用效果事实上与国际先进水平还有差距，最终导致技术或产品在市场上依然缺乏竞争力。最后，目前多数研发出来的技术往往是单项技术，缺乏产业发展需求的综合集成技术。此外，目前科学家研发出来的“产品”多数是“论文”“奖励”等成果，不是产业的真正需求。造成以上问题的原因在于创新主体的“活力不够”，而其根本症结在于目前的科技计划管理与评价体制尚不完全适应农业产业发展和科技创新本身的基本规律。

(4)创新链条“融合不实”。现代农业发展是一二三产业融合、产业链协同的发展，以产业链部署科技创新链是支撑现代农业发展的重要方向。目前，农业科技创新链条上的各个环节整体上实质性的融合还不够。科研项目即使有不同学科、不同产业环节部门等一起参加，项目整体设计也是链式相关的，但是在具体落实上依然是层层分解、各自研发，后续技术成果缺乏“整体组装”，最终导致许多成果难以真实有效落地。原因在于科研项目没有相配套的产业支撑项目，或者即使有也没有整体协同推动。科技部门立的科研项目重点在科技研发，研发出来的技术需要产业支撑项目去孵化、转化、推广，只有这样科技成果才能真正在产业中有效落地。而当前整个科技创新链多数是中上游的科技研发人员，而下游的产业应用与推广的技术队伍不足，这就使得整个农业科技创新链条整体上没有实现实际性的融合。

为增强创新的活力和动力，2015 年中共中央办公厅、国务院办公厅印发了《深化科技体制改革实施方案》。习近平总书记在 2016 年全国科技创新大会上特别提到了要对科技人员“松绑”。目前科技界最大的“矛盾”依然是广大科技人员积极投身一线报效国家的热情与体制机制创新的不充分、不平衡的矛盾，这极大影响了广大科技人员的创新活力。目前项目立项机制、项目执行管理、经费管理等方面还存在不少问题。国家创新驱动发展战略强调“双轮驱动”，而目前体制机制创新滞后的事实导致科技创新这一轮子的“空转”“原地转”的情况依然存在。因此，农业科技创新体系建设的本质问题还是在于体制机制创新。

三、农业发达国家建设农业科技创新体系的经验借鉴

对于发达国家建设农业科技创新体系的研究，段莉等学者研究得比较充分，很多观点丰富了课题组的认识。其中，段莉(2010)以美国、日本、荷兰、以色列 4 个现代农业发达国家农业科技创新体系建设情况为研究对象，发现共同点是农业科技的贡献率高。这四个国家共同的经验和做法值得学习借鉴。

(一)美国的农业科技创新体系

1. 美国农业科技创新体系的基本框架

美国农业科技创新体系的组织机构主要由科研机构、大学、企业、农场主、中介组织等组成，其中科研机构、大学、企业是主要的农业科技研发主体，大学、科技推广机构是主要的农业科技衔接主体，农场主是主要的农业科技应用主体。美国农业部是集中管理农业科研、推广和教育的唯一政府部门。农业科技研发系统由公立研究机构和私立研究机构两部分组成，公立研究机构主

要包括联邦农业研究局所属的国家级农业研究中心和以州立大学农学院为主的州农业实验站。国家级农业研究中心重点从事基础研究和应用研究，州农业实验站重点从事应用研究，私立科研机构重点从事开发性研究，它们的研究各有侧重，共同组成了一个多层次的研发系统网络。农业科技衔接系统主要由联邦农业科技推广局、州立大学农学院（州推广中心）、县推广站三级网络组成。农业部下设的农业科技推广局是美国负责农业科技推广的管理和领导机构，但该机构不直接从事农业科技推广工作，主要负责对全美农业科技推广服务工作的宏观管理和协调。州立大学农学院的推广中心是中级管理机构，州立大学农学院推行科研、教育、推广三结合的模式，农学院的教师除承担研究、教学任务外，还必须同时负责农业科技的推广示范工作。县推广站是美国农业科技衔接系统的基础，一般由专业人员、秘书和乡村带头人组成，主要负责当地农业科技项目的推广和协调工作，是联邦农业局和州推广中心在地方上的代理机构。美国农业科技应用系统主要由农场主、农业合作社及涉农企业组成。家庭农场是美国农业生产的基本组织形式，农场主是独立自主的经济行为主体，对农业科技创新成果应用选择具有主动权。农业合作社是美国农场主根本利益的代表。美国农业部 2002 年农业普查结果显示，美国有约有 213 万农民，其中 82％加入了各式农业合作社。2005 年美国农业合作社达 2 896 个（屈四喜和徐玉波，2009）。美国涉农企业除设立私立研究机构从事农业科技成果研发外，更多的涉农企业为追逐商业利润，往往会积极主动地消化、吸收公立研究机构（包括大学）的研究成果，以提升产品的核心竞争力。一般来说，涉农企业产品中所采用的技术约有 65％来自研究中心和大学（魏勤芳，2002）。

2. 美国建设农业科技创新体系的主要做法

（1）法律保障，促进农业科技创新。第一，奠定美国科研、教育、推广三结合模式的基础。《莫里尔法》《哈奇法案》《史密斯-利弗法》的颁布在美国农业立法上具有里程碑意义，三部法案奠定了美国科研、教育、推广三结合模式的基础，使美国逐步形成了一个以政府财政支持为基础，以州立大学农学院为主的科研、教育、推广相结合的综合体系，从而加快了美国农业科技进步的步伐，促进了农业经济的快速发展。此后，美国陆续通过多部法案，加大了联邦政府对农业科技研发和推广的支持力度。第二，促进科技研究成果流转，建立公立和私立机构的研发合作关系。1980 年美国国会通过《斯蒂文森-怀德勒技术创新法》，打通了公共研究机构与私人企业间科技成果转移的正常渠道。自 20 世纪 80 年代以来，美国还多次出台相关法案（如 1980 年的《贝赫-多尔法案》、

1984年的《国家合作研究法案》、1986年的《联邦技术转移法》、1996年的《国家技术转移促进法》等），这些法案的颁布使公立科研机构（包括大学）通过市场寻利、获利取得了合法途径，在很大程度上鼓励了公立科研机构（包括大学）将科技知识产业化，使美国国内科研机构、大学、企业之间的关系变得更为密切。第三，加强产权保护，维护企业科技研发投资利益。美国的专利法几经调整和修改，对引导涉农企业的科研投资方向发挥了极其重要的积极作用，如1790年的专利法，1930年的《植物专利法》，1970年的《植物新品种保护法》，1994年的《植物新品种保护法修正案》等。

（2）多渠道资金来源，保证经费投入。美国农业科技研发和推广的资金来源渠道广，主要包括各级政府、企业、个人及民间机构等，但农业科技研发和推广两者的资金来源渠道存在区别。美国的农业科技研发经费主要来源于联邦政府、州政府和企业三大渠道。随着企业对农业科技研究重视程度的提高，企业已经成功取代政府成为农业科技研发投入的主力军。自20世纪60年代起至20世纪70年代中期，美国的公共农业科研投资与私人农业科研投资基本保持同步增长，且数额各占50%的态势，从20世纪70年代后期开始，私人农业科研投资增长速度明显加快，到1994年，私人农业科研投资达到近40亿美元，超过公共农业科研投资约15亿美元，私人农业科研投资占到农业科研投资总量的60%以上（张德远和吴方卫，2004）。

美国农业科技推广经费主要由联邦政府、州政府、县政府及个人共同负担，技术推广经费由联邦安排29%，州政府配套47%，地方政府和私人企业占24%。另外，还有各种私有基金会、工商企业和农场的捐款及农业部推广教育基金等作为补充（刘娅，2006）。

（3）分工合理，建立灵活、高效的运行机制。第一，联邦政府间接干预。美国联邦政府对农业科技创新体系建设主要采用间接干预的方式，从农业科技供给、需求和环境保障等方面采取一系列措施，促进国内农业科技创新活动的开展，以充分发挥市场的积极作用。第二，官产学研合作创新。美国农业科研、教育、推广在机构设置上紧密结合，州立大学农学院是其紧密结合部，承担着科研、教学、推广三位一体的工作任务。在农业科技研发上，政府、企业、大学、科研机构关注的侧重点不同，他们相互配合，互为补充。联邦政府经费投入以基础性、前沿性研究为重点，企业下设的农业研究机构则将重点放在能直接应用于生产，且具有市场潜力，能获取高额回报的应用性、开发性研究上。第三，科研项目管理严谨。美国科研项目一般由科学家通过大学和农业科学研究院（Agricutural Research Service，简称ARS）自主申请，申请人要对项目研究目的和经费使用予以详细说明。大学和 ARS 则需要组织相关科学家在对申请项目进行评估后上报农业部经费管理办公室正式实施。当项目获得批准时，有关机构则将经费拨交回大学或 ARS，而不是项目申请个人。项目管理主要采用评估的方式，实行优胜劣汰。农业部和各州的项目管理部门每年要对科研项目的执行情况进行检查和评估，其依据主要是项目立项时所确定的年度目标任务，并根据评估结果决定项目是否继续拨款予以支持或终止研究。

(4)重视科技人才培养，提升农民素质。美国十分重视农业科技人才队伍建设，拥有一套科学的、完善的农业科技人才培养机制，为农业生产培养了大量的、高素质的农业科技人才和农民。第一，重视农业职业教育。政府立法干预农业职业教育体系的建立和完善。从《莫里尔法》支持建立农学院系统开始，《史密斯-休斯法》《职业教育法》《1968 年职业教育法修正案》《2000 年目标：美国教育法》等一系列法案的颁布极大地强化了政府对农业技术职业教育的干预，对农业职业教育体系的发展和完善起到了积极的促进作用。同时，以能力为导向注重培训学生的实践操作技能，是美国农业技术与职业院校教育的一大特色。第二，以推代训提高农民科技素养。在美国，农业科技推广的内容十分丰富，涉及面广。农业科技推广人员在为农民提供服务的同时还向农民宣讲农业科技知识，提升他们的科技素养。如提供专门科技服务，帮助农民利用专业农业技术及管理知识从事生产，降低生产成本，提高劳动生产率。第三，开展多层次的农业技术培训。美国除正规教育外，在农村还广泛举办培训班，利用冬季和农闲对青年农民进行系统培训，同时办有农民继续教育班，向成年农民传授新的科技知识。

(二)日本的农业科技创新体系

日本土地规模狭小，人多地少的矛盾突出，农业占国民经济总产值的比重较低，但政府仍高度关注和扶持农业科技创新体系建设，不断提高本国农业科技贡献率。据日本专家估算，第二次世界大战后日本农业增产的部分中，科技贡献率达 75%以上(刘焕菊，2000)。

1. 日本农业科技创新体系的基本框架

日本农业科技研发系统主要由国立科研机构、公立科研机构、大学和企业 4 个部分组成。农林水产省是日本农业科研机构的直接领导机构。在日本，农业科技研发的主体主要是隶属于农林水产省的、具有独立行政法人建制的农业研究机构、大学及各都道府县的农业研究中心(农业技术试验场)，企业占据农业科技研发的比重则不大。

日本农业科技衔接系统的特点是采用国家政府与民间农协相结合的双层

组织结构,两者既相对独立又密切协作。农林水产省主管全国的农业科技推广工作,在全国设有地方农政局,负责指导和监督各都、道、府、县一级的农业科技推广实施情况,各都、道、府、县均设有农业推广行政机构,从事本地农业科技推广的行政管理。日本农协是民间团体组织,在农业科技衔接系统中扮演了十分重要的角色。目前,日本的农户90%以上参加了农协(王红玲和柏振忠,2004)。

日本农业科技应用系统主要由农户和农业企业组成。在日本,小农经济虽在农业中占据着统治地位,但日本的单位耕地面积的集约率较高。农户尽管在劳动力转移过程中农业兼业化的趋势明显,但作为市场行为主体,强烈的逐利动机使其对农业科技的应用仍保持着主动积极性。日本农业企业通常通过直接式和间接式两种方式参与农业科技的应用。直接式,即通过购买土地,建立实体企业(开办养猪场、养鸡场等),利用农业科技成果从事农业产业化经营。这种方式受到日本地价高涨的影响,后续发展受到极大限制。间接式,即企业通过合同形式设立农产品品种和农艺要求等,委托农户进行生产经营,农户需在规定时间向企业提供符合质量要求的农副产品。

2. 日本建设农业科技创新体系的主要做法

(1)法律保护,重视农业科技创新体系建设。第一,建立、完善农业科技衔接系统。1948年,日本国会为振兴农业,通过了《农业改良助长法》,开始依法建立农业推广体系。同时,日本政府为支持和保护农协发展,也制定了一系列法律,如1899年的《农会法》、1900年的《产业组合法》、1943年的《农业团体法》、1947年的《农业协同组合法》。特别是1947年颁布的《农业协同组合法》(20世纪60年代重新修订)已经成为促进和保护日本现代农业合作社的基本法律。第二,重视农业科学技术发展。1995年1月,日本政府为力争转变为科技领先型国家,明确提出了"科学技术创新立国"战略。1995年11月,日本政府制定了《科学技术基本法》,并把它作为一项面向21世纪的长期国策。1996年6月,日本科学技术会议通过了《科学技术基本计划》,进一步明确了"推进研究开发的基本方向",农业科学技术发展位列其中。

(2)资金投入保障。"政府管政府,企业管企业",是日本财政拨款的主要做法,因此,日本农业科技研发经费主要来源于政府拨款。而农业科技推广经费依法由中央政府与各都、道、府、县共同负担。近年来,中央与地方支付比例由以前的7∶3逐渐降为6∶4,现在已接近5∶5,地方承担比例有逐年增多的趋势(李维生,2008)。

(3)搭建合理、协作的运行机制。第一,科研管理机制灵活、高效。一是设立首席研究官。日本在1996年国立农业科研机构调整中，开始设立首席研究官，这使日本在科研管理运作上的灵活性得到加强。首席研究官作为学科带头人，可以跨越研究室组织成员开展课题科研工作，这不仅有效带动了重点项目研究，而且有利于综合性交叉课题研究。二是实行科研项目申请制度。在日本，科研项目的申请类似于注册制度，取消了课题项目的行政审批制度，简化了逐级申报、答辩、审批等项目审批程序。第二，加强官产学研密切合作。一是政府协调沟通促进产学研合作。农业科技研发机构和农业科技推广机构能够在农业水产省的指导下保持紧密的联系，即农业科技研发机构可以将科技创新成果信息直接传递到农业水产省，农业水产省也能够将农业科技需求信息迅速传送给农业科技研发机构。同时，日本在都、道、府、县的农政部还设置了普及教育部，负责协调各地区科研（农业试验场）、改良普及中心和农业大学之间的关系。二是政府采取多举措促进产学研合作。建立大学与企业合作的教育制度，如委托研究制度、研究权属保障制度、人员互派制度等；以科学园为载体，建立高校、科研机构、企业集聚园区，如筑波大学的高技术科学城；出台政策消除大学与企业合作的障碍，如1997年日本政府同意将产学共同研究的场所设在企业，允许国立、公立大学的教师到企业兼职等。

（4）多渠道培养农业科技人才。第一，建立多层次农业教育体系。为培养高素质的农业科技人才，提高农业科技创新能力和科技推广效率，日本已经建立起了大学教育与职业教育、学历教育与继续教育相结合的农业教育体系。第二，重视培养农业科技人才的科技应用技能。1948年通过的《农业改良助长法》规定各都道府县地方政府必须设立农业科技普及与培训的专门机构，并规定国家及各都道府县地方政府要对农业科技普及及培训共同予以经费支持。同时，日本政府对普及指导员的能力培养十分看重，通过发布《普及指导员资格考试》《快速提高普及职员能力紧急对策事业（新规）》等公告，对普及指导员的录用、在职培训等作出了严格的要求和规定。农林水产省普及课还为普及指导员制订了三个能力等级的教育进修规划，并为培养这三种能力制定了相应的学习目标、学习时间、学习方式等。

（5）政策扶持，营造环境。第一，保护、扶持农协发展。日本农协遍布全国各地，政府为鼓励农协发展，给予了农协很多优惠于私人企业的扶持政策，并以《农业协同合作法》的法律形式加以体现和保护；对农协实施的政府所倡导的事业以补助金的形式给予补助和税收优惠扶持等。第二，保护、提高普及指导员的工作热情。普及指导员深入农村最基层，任务重、责任大。为充分调动他们的积极性，日本实施了普及指导员的岗位津贴制度。普及指导员的月津贴为工资的12%，专门技术员的津贴为工资的8%。同时为保证工作的效率和质量，严禁普及指导员从事与普及活动无关的行政性事务工作（王传荣和钱乃余，2001）。

（三）荷兰的农业科技创新体系

荷兰是世界上人口密度最大的国家，它以高度密集的高新技术大力发展“农业工业”，走出了一条优化结构、发展高效农业的农业现代化道路。科技进步对荷兰农业增长的贡献率已超过80%，这是荷兰农业具有持续竞争力的根本原因所在（崔贵芹等，2007）。

1. 荷兰农业科技创新体系的基本框架

荷兰政府以农民为核心，将农业科技研发、推广和教育协同发展，形成一个互推农业科技创新的三角架构，从而建立起全国性的农业科技创新体系网络。在荷兰，由政府主管农业的行政管理机构——农业、自然及食品质量部（简称“农业部”）负责对全国农业科技研发、推广和教育进行宏观调控。荷兰农业科技研发系统由农业实验站、区域研究中心、研究所和大学等组成，这些机构拥有各自的研究方向和研究重点，分工明确且相互合作。1876年，荷兰建立起了第一个农业试验站，目前全国已拥有100多个农业研究机构。从这些农业研究机构的地理分布看，他们大部分位于瓦赫宁根及其附近，这为不同机构之间的交流沟通和协同合作带来了极大的便利。瓦赫宁根大学是荷兰农业科技研发系统的主要力量，在农业基础研究和前瞻性研究方面颇有建树。目前，瓦赫宁根大学已基本完成私有化改革，由9个研究所和2所大学合并而成。

荷兰农业科研衔接系统主要采用政府、农协、合作社共同合办的协作方式，由国家推广系统、农协组织、农民合作社组织、商贸和私有咨询服务组织等组成。在农业部设立了一个专门负责农业科技推广的农技推广局，并在各省设立了推广站和地区农技咨询中心，拥有一批农学专家和专业推广人员从事相关农业科技推广服务。为提升荷兰农业竞争力，荷兰政府还依照农业发展特色进行区域布局，以此配备专业农业科技推广人员，提高农业科技推广的针对性。同时，荷兰政府还十分重视发展各种农民组织和合作组织，积极引导农民由分散经营走向联合经营。此外，私人推广机构在荷兰的农业科技推广中的作用也不容忽视，一些私人企业（农业商业公司、农业银行等）直接聘请农业科技推广人员为农民提供服务。荷兰农业科技应用系统主要由农民和农业企业组成。拥有一大批懂经营、有文化的高素质农民是荷兰农业成功发展的因素之一。荷兰农民大多具有大学本科以上学历，部分农民还拥有双学位或硕士、博士学位，不仅熟悉和掌握了现代农业专业技术知识，而且能熟练使用和修理各种农机设备。此外，荷兰农民的信息意识较强。近年来，互联网在荷兰农户中已基本普及，农户可随时浏览农业部或各类农业协会等网站了解和收集相关农业信息和市场需求。荷兰农业企业间竞争激烈，主要采用规模化、专业化的生产方式维持企业生存和保持竞争优势。他们一般分工很细，对农业科技需求具有很强的针对性。

2. 荷兰建设农业科技创新体系的主要做法

(1)经费筹措保障。荷兰农业科技研发和推广投资渠道多样化，政府主要向农业基础研究和战略研究进行重点投入，而私人部门的农业科技投资已渗透到农业发展的各领域。有资料显示，荷兰政府每年对农业科研、推广和教育的投入经费约为 30 亿荷兰盾，用于农业研究的经费占国家农业预算的 25%左右(詹吉英等，2005)。同时，荷兰政府所属的农业科技推广机构的全部经费也均由国家负责拨付。

(2)促进产学研密切合作。第一，政府统筹合作。荷兰农业部下设国家农业研究委员会，负责协调全国范围内的农业科研工作，其下还设有专业咨询委员会，主要承担研究机构和生产需求之间信息传递及成果推荐的沟通工作。在政府部门的协调沟通下，农业信息通过各种渠道得以传播，最新研究成果通过试验站得以示范、推广，农业科技创新成果得以加速应用。第二，畅通合作联结。在荷兰，农业发展的经营方式以家庭农场为主，虽然各农户间存在一定的竞争关系，但形成利益共同体仍作为农户生存和发展的核心观念。因此，荷兰农民及其合作组织与科研机构、与企业之间还有各种经济组织和行业组织或协会，负责彼此间的联结、谈判和沟通。农业科技需求通过经济组织和行业组织或协会这些联结点形成产学研多向互动的反馈机制，将信息及时、快速地传递到农业科技研发机构和推广机构，从而加快农业科技创新成果的转化。第三，合作导向明确。荷兰农业科研项目立项以市场需求为导向，实行委托式科研项目管理机制。一方面，科研机构通过竞争，获得政府委托研究项目及经费资助；另一方面，研究机构可面向生产、面向市场，接受私人企业的项目委托，从事课题研究。

(3)农业科技体制改革企业化。第一，机构私有化。随着国内私人公司、各种经济组织和行业组织的发展，荷兰政府依据本国国情，引入市场机制，对农业科技体制进行了改革，通过逐年缩减经费投入，不断将农业科研机构和推广机构推向市场。目前，很多科研机构和推广机构已成功地从政府的全额支持中脱离了出来，成为自收自支、自负盈亏的营利企业，增强了研究、推广的专业性和市场竞争力。第二，人员分流。在机构私有化改革中，政府对农业科技研发人员和推广人员实行了分流。如在推广人员分流上，除保留一半推广人员继续享有政府津贴外，其余人员则进入市场，通过有偿服务方式从服务对象手中获取劳务报酬。第三，推行有偿服务。改革后农业科技推广服务机构通常采取有偿服务方式提供服务、专业技术指导，或将服务咨询费包含在其销售的产品成本中，因此，荷兰的农民采用直接或间接付费的方式获取所需，成为接受有偿服务的、拥有更多话语权的“中心”主体。

(4)造就高素质农民。荷兰拥有一批高素质农民，这主要得益于荷兰农业人才培养与农民教育培训体系。荷兰农业教育体系由初等、中等、高等农业教育三个正规教育层次组成。此外，农业成人教育和技术培训作为正规教育的补充也很发达，培训系统几乎遍布农村的每个角落。农民之间还自发组织“学习俱乐部”，相互学习、相互切磋、相互交流心得体会。在1901年，荷兰政府就实行了义务教育，这为培养高素质的农民打下了坚实的基础。

(四)以色列的农业科技创新体系

以色列的农业资源异常匮乏，但以色列利用农业科技创新实现了农业资源的合理配置，取得了农业现代化建设的巨大成功。到20世纪80年代，以色列科技进步对农业增长的贡献率达到96%(郭久荣，2006)。

1. 以色列农业科技创新体系的基本框架

以色列农业科技创新体系的组织机构主要由大学、研究机构、农业企业和农技推广服务中心组成。在科研管理机制上，采取由全国农业科技管理委员会统一管理的科研体制，该管理委员会主要由国家农业部、农业科研与技术推广机构和农民组织的代表组成。

以色列农业科技研发系统主要由公益性研究机构、农业教育机构和公司类社会研究机构组成。公益性研究机构主要包括政府农业研究组织、从事综合性研究的韦斯曼科学研究院及各类农业专业研究所等，其中，政府农业研究组织设有大田与园艺作物、园艺、畜牧科学、植物保护、土壤水利与环境科学、农产品加工与储存、农业工程等7个研究所，4个区域性研究站，以及1个与全国研究开发委员会联合成立的以色列农作物基因库。政府农业研究组织主要负责解决全国农业科技发展的关键问题和从事前瞻性基础研究。农业高等教育机构主要包括耶路撒冷希伯来大学的农学院和以色列技术学院等。公司类社会研究机构数量则较多，研究领域也较广，主要涉及材料、化工、电子、基因、细胞、生物工程等。

以色列农业科技衔接系统主要由国家农业技术推广中心和区域推广服务中心两个层次组成。国家农业技术推广中心指导区域推广服务中心的工作，区域推广服务中心指导农民的具体生产。区域推广服务中心主要是农技推广服务中心，它是以色列农业科技衔接系统的主要力量。1949年，农技推广服务中心开始创建，目前根据国内不同农业生态区域条件主要分布在九个地区，负责本地区的农业科技推广服务和与农业科研的衔接工作，在行政和业务上接受农业技术推广服务局的管理和指导。

以色列农业科技应用系统主要包括农民、农业合作组织、农业企业等。20世纪90年代后，以色列的高等教育开始由“精英教育”向“大众教育”转型，农民懂科学、用科学的能力不断得到增强。农业合作组织则是农业产业化经营的组织基础。同时，农业企业以私营为主，对利润的追逐使其对农业科技创新成果的应用趋之若鹜。

2. 以色列建设农业科技创新体系的主要做法

(1)立法为先，推进农业科技创新。第一，以法节水、以法促新。以色列农业资源特别是水资源缺乏，政府将节约用水作为一项基本国策，1955年议会制定并通过了《水法》，开始对全国水资源进行合理开发和有效管理。农业是用水大户，为了促进节水农业发展，以色列在水费管理上实行了严格的奖惩措施，有效地促使农民不断利用科技创新将节水农业与发展高效农业相结合，在沙漠国家走出了一条农业现代化道路。第二，以法促教、以法育人。以色列政府把教育视为以色列逆境崛起的一种财富和关键。在以色列立国的第二天，仅由两人组成的教育部便在炮火中起草了该部的第一个法令，即《义务教育法》。《义务教育法》规定5～16岁的孩子必须接受免费义务教育，直到18岁均为免费教育，18岁还未完成国家规定课程的成年人要学完高中课程。此后陆续出台的《国家教育法》《学校审查法》《特殊教育法》等一系列法律法规也对以色列的教育发展作出了规定。目前在以色列，大学以上文化程度的人已占全部劳动人口的15%，全国从事研究与开发的科学家和工程师达7.6万人，每1万名工作人口中有4.6人具有自然科学高等学位(硕士、博士)，而美国只有2.6人，日本只有0.5人(姜铁民和李宁，2004)。第三，科技立法，拉动创新。为鼓励农业高新科技发展，以色列政府在1984年通过了《鼓励投资法案》，向农业领域内具有一定条件的投资项目提供一定比例的投资补贴，减免税额，设立农业开发风险基金等，以吸引投资，大力支持农业科技研发。

(2)政府投入为主，多渠道筹资为辅。贫瘠的农业资源决定了以色列必须通过高科技投入替代稀缺资源，走高效农业发展的道路。因此，以色列政府在财政上对农业科技研发和推广给予充足的支持。第一，农业科研经费投入。以色列政府每年的农业科研专项经费有上亿美元，占农业产值的3%。国家农业部的农业科研经费中,50%定向拨给国家农业研究组织,其余50%则和政府其他农业科研基金实行分类管理,统称为"竞争性基金"(郭久荣,2007)。第二,教育经费投入。以色列对教育的投资比较高,一直保持在9%~12%,政府对小学生的花费为3 938美元/(人·年),大学生的花费为11 036美元/(人·年),均高于其他发达国家(李干琼和许世卫,2005)。第三,寻找其他资金来源。一是吸引风险投资。20世纪60年代,以色列出现风险投资行为,进入90年代,以色列风险投资开始迅猛发展。1992年,以色列政府为了进一步促进风险投资事业的发展,斥资1亿美元设立了风险投资基金,其后,风险投资资金便成为以色列资金市场最重要的组成部分。二是推广融资。在以色列,除获得政府对农业科技推广的拨付经费外,农业科技推广机构还可通过咨询服务和技术指导从生产和市场委员会获得推广经费。

(3)以市场为导向,加强农业科技与生产的结合。以色列农业产品经营以订单生产为主。因此,研究项目主要来自农业生产一线的问题和国内、国际的市场需求或潜在需求。为使农业科技成果尽快运用于农业生产,以色列注重缩短农业科技成果从潜在生产力转化为直接生产力的周期。一项农业科技成果研发成功后,往往直接通过农业科技衔接系统迅速地传递到农民的手中,一旦农田试验出现问题,农业科技推广人员便将这些问题直接反馈给科研人员以求解决。同时,以色列还非常重视对农业科技成果的评价。对农业科技创新成果,不管技术是否先进,除需要进行投入与产出的经济效益比较分析外,还要对其从研发到应用进行全程式的追踪评价。

(五)国际农业科技创新体系建设的主要经验借鉴

美国、日本、荷兰、以色列四个农业发达国家以本国拥有的农业资源禀赋为基点,根据国情,围绕农业科技研发系统、农业科技衔接系统和农业科技应用搭建本国农业科技创新体系基本框架,逐步形成了自己的优势和特色。美国的特点是注重建设农业科技研发系统和农业科技衔接系统,通过法律护航,实现产学研合作和人才素质提升;日本的特点是强调农业科技研发系统和农业科技衔接系统并举,在促进产学研合作的同时加强人才培养;荷兰的特点是突出农业科技应用系统,以农户为中心、以市场为中心,保障经费投入,实施企业化改革;以色列的特点是围绕农业科技应用系统,加强农业科技研发系统和农业科技衔接系统建设,充分发挥政府作用,重视农民素质提升。尽管美国、日本、荷兰、以色列四个农业发达国家在建设农业科技创新体系上各具特色,但仍具有一些共同的经验和做法值得借鉴。

(1)农业科技创新体系多层次、参与主体多元化。考察美国、日本、荷兰、以色列四个国家的农业科技创新体系基本框架，从层次看，各国均形成了国家、地方、基层（企业或农民或农民合作组织）相互协作的多层次农业科技创新体系，国家和地方层次清晰，分工不同，职责明确。体系内的信息传导层层推进，或从上而下，或从下而上，或上下双向互递，各层次间协调有道、协作有序。从参与主体看，农业科技创新体系的参与主体涉及企业大学、科研机构、推广机构、农业企业、农民（农户）、农业合作组织等。尽管各主体在各国农业科技创新体系中承担的角色不同、所占比重不同、相互间的组合方式不同，但均是构成各国农业科技创新体系的基本单元。各主体既相互独立，又具开放性，彼此间相互依存、相互渗透，合作与竞争是它们互为存在的前提。在各主体构成的体系网络里，科技流、资金流、人才流、信息流交互式流动频繁，保持了农业科技创新的稳定性、持续性和前瞻性。

（2）政府作用举足轻重。在农业科技创新体系建设中，政府无论是采取直接干预方式（日本），还是间接干预方式（美国），均实现了对农业科技创新资源的有效配置（这里是对政府配置资源作用的强调，并不否认市场配置资源的作用），因此，政府作用具有不可替代性。农业科技是准公共产品，政府作为一种推力，目的是提高农业科技创新体系的运作效率。政府通过宏观调控，综合运用法律、经济、财政等手段消除创新主体间协调沟通的障碍，为体系建设营造一个较为完善的农业科技转化制度环境和有效的运行机制，促进科研体制改革，培育创新主体，促使各创新主体相互整合与互动，鼓励他们参与有序竞争和有效合作。

（3）加强法律保护保障。农业在各国国民经济中具有基础性地位，农业科技创新与工业科技创新相比又具有特殊性，因此，各国政府不遗余力地通过国家立法形式对农业科技创新进行保护和保障，以提升农业科技创新能力，增强农业竞争力。建立知识产权保护法，保护农业科技创新主体的利益免受侵害，激励各主体积极参与农业科技创新活动，消除因信息交流不当产生的知识产权纠纷。用法律法规保障各国农业科技研发、推广资金投入的比例和数量，重点支持具有社会效益、生态效益而无经济效益或经济效益较弱的基础性研究、前瞻性研究，保障各国国家级农业科技推广机构推广经费来源的稳定。

（4）资金投入保障有力。随着各国对农业科技生产力作用认识的不断提高，对农业科技创新体系重视程度的不断加大，对农业科技创新各方利益主体的保护持续增强，各国已经形成由政府公共投资和企业、社会机构等私人投资共同分担的农业科技创新体系建设资金投入模式，投资主体多元化、投资来源多渠道。各国十分注意保持农业科技投入的强度，在注意加强国家财政预算确保财政投入的同时，充分发挥政府引导和政策导向作用，吸引和鼓励各种社会资金投入农业科技创新体系的建设中。一般来说，各国政府的共同投资比较稳定，而企业类资金投入所占总投入的比重呈现出不断增加的趋势。

(5)产学研合作密切。各国在农业科技创新体系建设中十分注意产学研密切合作，注意农业科技与农业生产的有效结合。各国实践表明，产学研合作成功主要得益于政府参与的引导性，创新主体间介入、组合方式的灵活性，农业科技成果转移、推广衔接的无缝性，以及创新主体间利益保护的有效性等。

(6)注重提高农业科技人才素质，重视农民科技创新主体地位。农业科技人才作为农业科技创新成果的创造者、使用者和传播者，越来越成为一国农业科技进步与农业发展的重要资源。各国政府异常重视农业教育，将培养和造就农业科技人才视为自己实现本国农业科技发展战略的根基。人才强，则创新强；人才兴，则科技兴。农民作为农业科技创新成果的直接应用者，其文化程度高低直接影响和决定着农业科技创新成果的应用程度，其参与体系建设主动性的强弱则在一定程度上影响和决定着一国农业科技创新体系建设的成效。四个农业发达国家中的农民所体现出的共同特点在于文化水平较高、科技素养较高，主动参与农业科技创新研究项目和推广项目的热情较高，这与各国政府采用自下而上的工作理念，寄予农民更多决策权、参与权、话语权密切相关。此外，四个农业发达国家还有许多体系建设经验可供借鉴，如科研项目管理动态化；优化区域布局，适时进行科研机构调整与改革；建立人员激励与约束机制等。

四、新时代我国农业农村科技创新体系设计

1. 指导思想

深入学习贯彻习近平新时代中国特色社会主义思想，肩负起新时代农业农村科技创新工作的历史使命。党的十八大以来，习近平总书记关于科技创新和“三农”发展做了许多重要论述，形成了一系列新理念新思想新战略，这是习近平新时代中国特色社会主义思想的重要组成部分，是指导农业农村科技创新、促进农业农村优先发展的总遵循。

第一，中国要强，人民生活要好，必须有强大科技。科技创新是提高社会生产力、增强综合国力、提升国际竞争力的战略支撑。创新驱动发展是国家优先战略，必须以科技创新为核心带动全面创新，科技创新必须摆在国家发展全局的核心位置。新一轮科技革命带来的是更加激烈的科技竞争，习近平总书

记指出：如果科技创新搞不上去，发展动力就不可能实现转换，我们在全球经济竞争中就会处于下风。因此，必须面向世界科技前沿、面向经济主战场、面向国家重大需求，坚持走中国特色自主创新道路，加快各领域科技创新，掌握全球科技竞争先机。

第二，中国要强，农业必须强；中国要美，农村必须美；中国要富，农民必须富。“三农”问题是关系国计民生的根本性问题。习近平总书记指出：“没有农业现代化，没有农村繁荣富强，没有农民安居乐业，国家现代化是不完整、不全面、不牢固的”“任何时候都不能忽视农业、忘记农民、淡漠农村。”在迈向现代化的征程中，农民不能缺席，乡村不能掉队，农业不能拖后腿。实施乡村振兴战略，是解决人民日益增长的美好生活需要和不平衡不充分的发展之间矛盾的必然要求，是实现“两个一百年”奋斗目标的必然要求，是顺应亿万农民对美好生活向往的必然要求，是实现全体人民共同富裕的必然要求。

第三，农业出路在现代化，农业现代化关键在科技进步。习近平总书记强调：“要给农业插上科技的翅膀。”“我们必须比以往任何时候都更加重视和依靠农业科技进步，走内涵式发展道路。”党的十九大报告要求坚持农业农村优先发展，加快推进农业农村现代化。实施乡村振兴战略，第一动力在于农业科技创新，农业科技务必加快提升创新能力与适应能力。当前，农业农村发展已经从以往的要素驱动和投资驱动转向创新驱动发展阶段，对科技创新提出更高要求，农业农村发展已步入对科技创新和制度创新需求最旺盛的时期。因此，国家创新驱动发展战略是实施乡村振兴战略的核心动力，两大战略耦合是加快实现农业农村现代化的必然要求。

第四，强起来靠创新，创新靠人才。2018 年中共十九届三中全会审议通过了《中共中央关于深化党和国家机构改革的决定》和《深化党和国家机构改革方案》，这是以习近平同志为核心的党中央着眼党和国家事业发展全局作出的重大改革部署，是提高党的执政能力和领导水平的重大举措，必将带来推进国家治理体系和治理能力现代化的深刻变革。学习贯彻党的十九届三中全会精神，切实把党和国家机构改革各项任务落到实处，对我们在新时代进行伟大斗争、建设伟大工程、推进伟大事业、实现伟大梦想，具有重大现实意义和深远历史意义。2018 年两会期间，习近平强调，发展是第一要务，人才是第一资源，创新是第一动力。中国如果不走创新驱动道路，新旧动能不能顺利转换，就不能真正强大起来。强起来靠创新，创新靠人才。人才政策、创新机制都是下一步改革的重点。

创新是一个系统工程，创新链、产业链、资金链、政策链相互交织、相互支撑，改革只在一个环节或几个环节搞是不够的。我们要充分发挥社会主义制度能够集中力量办大事的优势，科技创新、制度创新要协同发挥作用，“两个轮子”一起转，针对农业农村发展的不平衡不充分问题，全面部署并坚定不移推进。实施创新驱动发展战略和乡村振兴战略，迫切要求加快构建国家农业农村科技创新体系。构建结构合理功能完善的适应新时代需求的农业农村现代化科技创新体系，强化乡村振兴的科技制度性供给。做好乡村振兴科技工作，不只是农业农村科技工作，而且是全国科技工作的共同任务。亟须整合全国科技之力，要树立“农村是一个广阔的天地，在那里是可以大有作为的”乡村振兴科技思想，形成创新要素向农业农村科技创新聚集新局面，系统解决农业农村现代化进程中的重大问题。目前乡村振兴科技力量分散，为发挥社会主义制度优越性，亟须从中央层面有个顶层设计，组织全国科技力量，研究制定国家乡村振兴科技规划，布局蓝图，集体攻关，形成合力，支撑乡村振兴高质量发展。整体上我国目前农业农村创新驱动发展的能力仍显薄弱，以现代农业产业体系、生产体系、经营体系和乡村发展需求为导向的国家农业农村创新体系还没有形成，产业链创新链资金链耦合的产业发展模式还没建立，科技创新活力不够、创新效率不高，与已经实现农业农村现代化的发达国家差距较大。各创新主体单位的学科专业、院所设置与新时代农业农村发展的需求尚有差距，学科专业缺少融合与协同，亟须全面深入科技体制改革，以新时代乡村振兴战略为总指导，构建中国特色的农业农村科技的“四梁八柱”，建设统一的中国特色农业农村科技创新体系。

2. 主要目标

把握世界农业科技革命和产业变革新趋势，围绕提高农业科技自主创新能力，加快推进农业现代化的紧迫需求，适应农业科技公共性、基础性、社会性，以及区域性、时代性强的特点，加快构建符合农业科技发展规律、结构完整、创新高效、功能完善、运行顺畅的国家现代农业科技创新体系，形成国家创新驱动发展的制度安排、实践载体和政策环境保障。紧紧围绕促进科技与经济结合，以加强科技创新、促进成果转化和产业化为目标，以服务国家目标和调动广大科技人员积极性和创造性为出发点，以促进全社会科技资源高效配置为重点，以建立企业为主体、产学研结合技术创新体系为突破口，全面深化农业科技体制改革。

3. 主要框架

在已有工作的基础上，本研究提出了新时代国家农业农村科技创新体系的基本框架。国家农业农村科技创新体系是由中央和地方各类农业科技创新主体，在一定创新动力推动下，从事支撑农业农村现代化发展的科技基础研究、应用基础、集成转化与示范推广的有机网络系统。体系基本构成主要包括以下四个子系统：农业知识创新系统、农业技术创新系统、农业技术推广和中介服务系统、农业科技政策环境系统。其中以农业技术创新系统为核心，其他三个系统都是辅助系统，都是为技术创新体系的功能及效应最大化而提供支撑的。

（1）农业技术创新系统。这是农业农村科技创新体系的核心，是提高农村经济及农业生产竞争力的根本所在。由于农业的弱质性，短时期内，高等农业院校、科研院所、农业龙头企业作为农业技术创新主体的局面将不会改变。以后，要逐步突出强化涉农企业特别是农业龙头企业的科技创新主体地位，通过引导涉农企业与高等农业院校、农业类国家实验室、国家重点实验室、工程中心和省部级农业科研机构的合作，强化产学研一体化，建设企业技术中心，逐步使涉农企业成为农业技术创新体系的主体。

（2）农业知识创新系统。这是整个科技创新体系的源泉和基础，为技术创新系统提供知识储备。创新主体以政府办的科研机构为主，包括高等农业院校，农业类国家实验室、国家重点实验室及各类省部属科研机构，主要开展农业基础研究、应用基础研究和事关区域内农业生产和农村经济发展中的全局性、方向性、规律性重大创新问题研究。高等农业院校以其多学科、多人才和良好的学术氛围，在知识创新，特别是原始性创新方面具有不可替代的作用，也是农业农村科技人才培养的基地。

（3）农业技术推广和中介服务系统。这是面向广大农户，把技术转化为现实生产力的社会化服务系统，是连接涉农企业、高校农业院校、科研机构、农民等创新主体的桥梁和纽带，其构成主体包括各级农业技术推广机构、专业协会和农民合作组织等多种类型的技术推广服务机构及农业科技园区、农业类工程中心等农业科技成果转移和转化中介机构。

（4）农业科技政策环境系统。这是为科技创新体系的高效运转提供适宜的软环境，主要包括政策法规、科技管理体制、运行机制、专利、标准等。政府在此系统中起着主导作用，政府要转变职能，运用市场杠杆制定有利于农业科技创新的政策法规，为农业科技创新体系营造一个良好的环境。

四个子系统之间是紧密衔接而不可分割的。创新是一个集体性的社会协作过程，知识创新系统是技术创新的基础和源泉，技术创新依赖知识创新，并对知识创新提出新的要求，农业技术推广、中介服务系统是连接各创新主体之间的桥梁和纽带，科技政策环境系统为整个系统的运作提供环境保障。任何一个子系统出现问题，区域农业科技创新都将无法正常运行（孙站成和梅方竹，2005）。

4. 主要任务

一是培育现代农业创新主体，培育创新型农业企业，培育和建设世界一流农业大学和科研院所。

二是围绕区域优势产业和区域农业发展重大科技问题，建设农业科技区域创新联盟和协同创新联合体。

三是加快布局农业领域创新平台和基地，以农业领域国家实验室建设为引领，建设一批国家科研中心、国家重点实验室、国家技术创新中心、国家现代农业产业科技创新中心，集聚人才、设施和资源优势。

四是构建加速科技成果转化应用的服务体系，健全农业技术推广服务体系。

五是完善适应农业科技创新规律的保障制度，推动政府职能从研发管理向创新服务转变，创新科研组织模式，建立农业研发投入稳定增长的长效机制。

六是营造潜心研究、鼓励创新、宽容失败的农业科技良好创新生态。

五、重大建议

1. 适时将成熟的政策性文件法律化

对比法律而言，政策性文件的调整范围较小，调整对象主要集中在纳入官方体系内的受体，体现的是对官方体系内资源的引导和调配，而对外围受体的引导力不足。从调整效力来看，政策性文件的约束力要明显小于法律；从时效性看，政策性文件的阶段性特征相对明显，有些甚至短于农业科技的创新周期和农业产业的发展周期，且稳定性较差，对后期出现的科研或产业主体的调控有限。因此，建议将符合农业科技发展规律，符合农业科技和产业发展实情，运行成效显著的政策性文件适时法律化，从而有效实现宏观意义上体系的整合。

2. 强化大学和科研单位在成果推广中的责任

大学作为传播知识和培养人才的主体，一方面参与研究分工，另一方面培育科研的后备主力，在科技创新和成果推广中起着承上启下的作用。美国赠地大学集科研、教学和推广等综合职能于一体，对农业科技推广体系构建发挥了关键作用。科研单位作为主要研发和中试主体，处于产业发展的上中游，其研究成果直接影响下游的推广应用。借鉴美国农业科技创新体系建设的经验，可以在我国现行的产学研主体重点分工的基础上，强化大学和科研单位在成果推广中的责任和义务，实现多种功能在各主体上的集中。

3. 稳步推进企业成为科技创新的主力

美国强大的农业企业在科技研发和产业发展中发挥了巨大优势，但其优势的发挥依赖于其成熟的市场经济体制、长期持续的企业积累、惩罚有力的市场监管机制和良好的社会诚信。相对而言，我国社会主义市场经济的发展历程还较短，企业的综合实力有限，特别是大型科研企业和育繁推一体化的农业企业还较少，企业要成为科技创新的主体还受到“经济人理性”、短期市场行为的制约。因此，应稳步推进企业在科技创新中的角色转变，避免不成熟条件下的拔苗助长和“过度供氧”下的局部畸形。在此基础上，合理划分企业、科研单位和大学的研究领域，引导科研单位和大学重点开展基础性、公益性研究，引导企业开展具有市场前景、产业前景的应用研究(黄俊，2011)。

4. 尽快启动农业领域国家实验室建设

国家实验室指引国家科技发展方向，引领未来产业结构与模式，带领国家科技体系的各路大军协同创新与共同发展。筹建现代农业国家实验室具有重要的战略意义。现代农业国家实验室的建设，可以聚集国内外一流研究人才，围绕农业领域最核心的科学问题开展创新研究，有利于抢占国际学术前沿；有利于形成最适应的农业科技体制与科研条件，显著提升我国农业科技创新的活力；有利于夯实农业科技创新物质基础，保障国家农业重点领域科学研究可持续发展，助力我国从科技大国迈向科技强国。

5. 抓紧建设国家区域农业协同创新中心

农业具有很强的区域性，建议通过平台建设、课题立项、人才团队等方面，进一步强化农业农村科技创新资源向广大的中西部地区、向农业主产区集聚，实现农业农村科技创新“最初一公里”与“最后一公里”的无缝对接。科技创新体系的建立应该是先建设区域科技中心体系，然后由区域中心构建国家科技中心，目前的区域中心发展不平衡，资源配置也不平衡。要围绕关系国计民生的优势主产区大宗农产品，选择优势单位，建设国家大宗农产品产业创新中心，并在不同优势地区，依托优势地区省级专门研究机构，设立综合实验站，形成研究网络和研究合力，系统解决制约大宗农产品产业发展的理论与关键技术问题，确保农业产业安全；围绕事关国家重大区域战略、人类生产生活健康及制约可持续发展的区域发展问题，建立部级、省级互动的区域农业发展创新中心。

6. 完善科研项目立项与管理机制

一是建议缩短简化立项评审过程并规范项目执行管理。二是建立项目稳定支持与竞争性相结合的机制。对于重点领域、优势团队,建立持续稳定支持机制,避免同一关键领域因竞争而出现换单位、换团队带来的重复研究、缺乏长期积累的问题;同时也可减少不必要的不公平竞争的时间、精力消耗,逐步形成跨部门、跨区域联合的稳定的国家优势团队,进行长期合作研究。三是明确项目主持单位和负责人的责权利,赋予项目承担单位对经费的调整权限。对于执行不力的研究人员建议建立"退出机制"。四是深化改革科研经费管理办法。建议采取申请"概算制"、验收"决算制",强化项目的目标任务的验收,确保目标任务的完成;划定少许不能跨越的红线,赋予项目承担单位对经费的调整权限。建立对项目研究人员激励与约束并重的管理机制,突出项目绩效。

第六章

新时代农业农村科技工作战略方针、战略任务和实现路径研究

一、指导思想

贯彻党的十九大精神，以习近平新时代中国特色社会主义思想为指导，突出乡村振兴需求导向、问题导向和目标导向，落实《国家创新驱动发展战略纲要》和《乡村振兴战略规划（2018—2022 年）》，坚持创新驱动战略与乡村振兴战略双轮驱动，形成合力，找准乡村振兴战略和科技创新的结合点，选准事关乡村振兴大局的重大科学技术领域，重点研发一批乡村振兴急需的共性关键技术和装备，转化落地一批重大研发成果，培育一批农业高技术企业，建成一批国家创新平台，形成一支支撑乡村振兴战略的科技战略力量，坚持科技创新与制度创新并重，研究制定符合乡村振兴需要的农业科技制度体系和政策体系，服务农业农村现代化建设，为乡村振兴战略实施提供强大的创新动力和制度政策支撑。

二、基本原则

（1）坚持创新驱动战略与乡村振兴战略同向同行，形成合力。创新是引领发展的第一动力，是建设现代化经济体系的战略支撑。实施乡村振兴战略，就是推进农业农村的现代化。创新是农业经济发展的战略支撑，必须发挥科技创新在实施乡村振兴战略中的关键作用，以创新驱动乡村振兴发展。

（2）坚持需求导向、问题导向和目标导向相统一。针对目前农村最急需、农民最需要的关键问题，在关键领域部署重点科技力量与项目，充分发挥科技支撑、科技服务、科技示范在乡村振兴中的特殊作用，集中力量开展科技创新、

联合攻关和推广应用。

(3)坚持以农业高质量发展为目标。农业要实现高质量发展,必须依靠科技创新突破资源环境约束,依靠科技创新拓展农业发展空间,提升绿色发展能力,依靠科技创新提高农业发展质量和效益,依靠科技创新抢占国际农业竞争制高点。

(4)坚持产业链、创新链和资金链耦合发展。在项目设计上,围绕区域农业一二三产业融合发展需要,构建完整特色农业产业链,围绕产业链部署创新链,依据创新链安排资金链,全面提升农业全产业链价值,形成产业链、创新链、价值链"三链"融合的项目设计。

(5)坚持共性关键技术与区域农业发展关键技术并重。按照全国农业农村科技一盘棋的总体考虑,建立中央与省级政府联动机制,分类支持共性理论、关键技术与装备及地方大宗农产品产业创新发展项目,合力推动农业农村科技创新发展。

(6)坚持科技创新与制度政策创新并重。建立健全符合农业发展特点、农业科技成长规律、各类创新主体协调互动和创新要素高效配置的国家农业科技创新体系和制度体系,为农业农村科技创新提供根本保障。

三、发展目标

以建设农业农村现代化为总目标,坚持农业农村优先发展为总方针,以"产业兴旺、生态宜居、乡风文明、治理有效、生活富裕"总要求为科技创新出发点和落脚点,探索建立健全符合农业发展特点、农业科技成长规律、各类创新主体协调互动和创新要素高效配置的国家农业科技创新体系;面向国家粮食安全、食品安全与生态安全的重大战略需求,面向国家和区域不同生态条件下的农业产业发展的科技重大需求,面向世界农业科技前沿、掌握全球农业科技竞争先机的迫切需求,通过优先加强实施乡村振兴科技创新,实现农业农村科技原创成果和技术瓶颈的重大突破,强化技术研发与应用的联合攻关与集成应用,为国家农业农村现代化注入强大动力;统筹推进科学研究、基地建设、人才队伍一体化发展,着力提高土地产出率、劳动生产率、绿色发展水平和提质增效,应用科技创新理论、新技术、新装备武装现代农业,支撑新型农业产业体系、生产体系和经营体系的构建,形成完善支撑乡村振兴战略实施的农业农村科技创新体系和制度创新体系。

到 2020 年,创新驱动乡村振兴发展取得重要进展,科技支撑乡村振兴的制度框架和政策体系基本形成。农业科技进步贡献率达到60%以上,农业科技创新有力支撑全面建成小康社会和进入创新型国家行列的目标实现。农业科技创新能力和技术发展水平显著提升,农业科技型企业快速发展,农业综合效益和产业竞争力显著增强,创新平台基地和人才队伍建设成效明显,农业农村科技创新体系更加健全,农业农村创新创业生态更加优化。

到2035年,创新驱动乡村振兴发展取得决定性进展,科技支撑农业农村现代化基本实现。农业农村科技创新体系更加完善,农业农村科技创新供给能力大幅提升,农业科技实力大幅跃升。农业科技型企业发展壮大,农业高新技术产业竞争力进一步增强,农业新技术、新产品、新模式和新业态不断涌现,促进农民就业创业取得显著成效。科技支撑农业高质量发展,农村人居环境明显改善。

到2050年,建成世界农业科技强国,支撑引领乡村全面振兴,全面实现农业强、农村美、农民富。

四、重点任务

无论发展到哪个阶段,科技永远是第一生产力。而乡村要真正振兴,一定离不开科技力量的深度参与和有力支撑。

1. 产业兴旺科技

产业兴才能乡村兴,经济强才能人气旺。我们要以先进、实用技术组装集成示范为抓手,全面提升产业的技术支撑能力,促进农村产业兴旺,培育建立适宜农村的现代产业体系,增强乡村振兴的产业竞争力。

(1)农业产业化提质增效。重点围绕现代生物种业构建分子育种技术体系,选育高产、优质、抗逆的农业新品种,抓好优质农产品的品种培育和推广,提高良种覆盖率;针对生态种植和健康养殖需求,开展关键环节科学技术攻关,集成优化并形成技术体系,推进先进适用技术精准入户,提高农业生产主体的科学种田水平,促进农业生产提质增效;通过科技延伸特色农牧产业的产业链,建立以育繁推一体化种业企业为主体、产学研紧密结合、技术创新有力的新机制,不断提高特色产业链的生产质量和经济效益,促进特色农牧产业的转型升级。

(2)农业机械装备制造升级换代。按照标准化、专业化、规模化、集约化、生态化和产业化的要求,提升农业技术装备水平。强化主要粮食作物、经济作物、畜禽水产及特色食品等农副产品深加工关键技术。强化农林机械、农业装备提质增效关键技术，突破绿色设计、绿色工艺关键和共性技术。针对目前不同农业装备使用现状，加强科研机构与设备制造企业联合攻关，推进农业机械装备产业转型升级。

(3)现代农业新技术应用。应用现代信息技术健全农村综合信息服务体系；创新发展模式，打造区域特色农产品和农资电子商务服务体系；建立农产品质量溯源体系；加强农产品产后分级、包装、营销，突破生鲜农产品冷链物流、仓储关键技术，加快推进农村流通现代化；大力发展创意农业、文化农业、景观农业、体验农业等新业态，推动现代生态智慧田园综合体发展。

(4)加快农村信息化进程。深度融合信息化和农业现代化，加快农村信息化进程。把精准农业、智慧农业作为主攻方向和切入点，通过信息化提升现代农业和改造传统农业。健全农业信息服务体系，积极开展“互联网＋”现代农业农村行动，建设农村科技服务云平台，推进农村电子商务发展，加强信息资源大数据建设，努力使乡村信息服务覆盖最大化、应用平民化、效果最优化（吴海峰，2018）。

(5)夯实特色优势产业科技支撑。通过聚集创新资源，优化创新环境，全力推进以企业为主体、市场为导向、产学研相结合的科技创新体系建设，充分发挥科技在特色产业兴旺中的支撑和引领作用，围绕各地乡村特色农产品产业提质增效，大力推进农业产业化关键技术研发与示范应用。以特色产业发展需求为基础，积极推进本地企业与科研院所开展合作，整合产业技术创新资源，推动农业结构调整，促进农业增效和农民增收（“四川省实施乡村振兴战略研究”课题组等，2017）。

2. 生态宜居科技

“绿水青山就是金山银山。”针对水资源平衡、面源污染、秸秆综合利用、畜禽粪污处理、新能源利用及农村环境综合治理等重点问题，以科技成果集成示范为抓手，运用现代科技手段，为农业绿色发展、农田健康生产、农村美丽美化提供科技支撑。

(1)绿色生产技术。围绕绿色、生态、高效、优质、安全的科技需求，重点突破节水农业、循环农业、面源污染治理、重金属污染农田综合防治与修复、化学肥料和农药减施增效、农林防灾减灾及农产品绿色物流等关键技术研究，加快形成资源高效利用、生态系统稳定、产地环境良好、产品质量安全的农业发展新格局。

(2)农业环境治理技术。重点开展农田秸秆资源处理利用技术、地膜回收技术、畜禽粪污处理技术等研究、模式集成与示范，解决农业生产废弃物问题，促进资源的肥料化、饲料化、燃料化、基料化和原料化利用。

(3)农业防灾减灾技术。运用卫星、遥感、大数据、智慧城市、移动互联网、云计算、地理信息等新技术新方法，为防御重大自然灾害和开展救助工作提供科技支撑。加大防灾减灾人才培养，有力支撑防灾减灾科技工作。

(4)农村新能源利用技术。充分利用农村丰富的光热资源，利用风能、太阳能、生物质能等可再生能源发电技术，减少煤炭、燃气、木材等供热材料使用，提高能源利用效率；运用沼气发酵技术，解决农村用电、做饭、供热等农村能源问题，用沼液沼渣替代农药化肥，节约农民生活成本，改善农村环境卫生，保护农业生态环境。

(5)村镇景观生态设计技术。开展村域山水林田湖综合规划设计、生态环境修复、村镇规划和建设、现代化住宅设计、公共设施配套等相关的技术支撑体系研究集成与示范。

3. 乡风文明科技

乡村振兴，既要“富口袋”，也要“富脑袋”。针对农村、农民开展科技培训、科技下乡、选派科技特派员，提高农民的科技常识水平，加强对科学文化知识的了解及认知，并将掌握的科技文化知识科学合理地运用于农村生活和农业生产实践。

(1)推进乡村数字广播、电视户户通。推进乡村数字广播、电视的户户通工程，将一些富有地方特色、优秀的传统戏曲、电视剧、电影等传入广大乡村地区，可以极大地丰富农民的业余生活，进而提高农民娱乐、休闲的品位，助力乡风文明建设。

(2)建设移动、自助图书馆。移动、自助图书馆，一方面机动性好，可以通过流动的形式同时覆盖好几个村；另一方面建设成本低，书籍更新快。因而，可以很好地解决一些交通落后地区书籍匮乏的窘况。

(3)将现代物流体系延伸到广大乡村。当前，在城市地区，中国物流覆盖面已经完全普及，而农村地区还待进一步的建设。通过网购、现代物流不仅可以将日用品传递到祖国各地，同时还可以将书籍、电子产品、影音光碟等丰富农民业余生活的产品及时送达，对于乡风文明建设也大有裨益。

(4)提升农民科学文化素质。以各类科普基地为培训载体，开展科普活动，提升农牧民科学文化素质。利用农业科技园实训基地、科技特派员培训基地、星火学校等资源，举办“科技活动周”“科普日”等农民能够广泛参与的科普活动，营造崇尚科学、追求文明的良好农村社会氛围。

(5)大力促进科技下乡。加大农村实用科学技术惠农项目实施。开展农业实用技术、科学常识下乡活动,入村入户普及实用技术和科学常识,实地授课、手把手帮教培训。定期组织各类活动,努力增强农民群众依靠科技组织生产、增收致富的能力和文明生活的意识。

(6)强化科技特派员服务。加大实施科技特派员农村科技创业行动力度,促进特派员与农民在长期的生产咨询活动中结成利益共同体,在科技特派员践行“创新—创业—就业”的过程中,培养、造就出有文化、懂技术、会经营的新型农民。

4. 治理有效科技

乡村治理是国家治理的基石。实施乡村振兴战略,要以治理有效为基础,加强农村基层基础工作,构建乡村治理新体系。运用科技手段开展农村治理工作。

(1)现代经济、管理技术。乡村治理千头万绪,不仅涉及广大村民、村干部、政府人员、社会组织、企事业单位等众多主体,还面临生产、生活、学习等各方面的治理主题。要保障治理有效,则需要厘清头绪,充分运用现代经济学、管理学等人文社会科学方面的先进技术,如现代财务技术、统计技术、管理方法等。只有这样,才能有效保障乡村治理既经济又高效。

(2)现代规划技术。合理编制乡村规划是保障乡村治理有效的基本前提。这就需要现代遥感、地理等方面的规划技术的进步予以支撑。只有科学合理地编制乡村规划,乡村治理才有头绪。同时,依据现代规划技术,及时了解、调整治理内容,以更好地实施乡村治理。

(3)现代制造、装备技术。为保证乡村治理有效,现代制造、装备技术必不可少。现代制造、装备技术不仅为现代乡村治理提供了必备的现代设备,如交通设备、通信设备等,而且极大地降低了各类设备的使用成本,使得更多的地区和居民能够使用更先进的设备。

(4)农村安全科技。重点加强公安大数据关键技术应用,推进公安视频图像信息化工程,实现警务工作信息化、网络化、智能化、数字化。推动现场勘验、图像分析、语音识别、电子物证等技术应用,研究针对农村的社会安全态势风险评估和监测预警系统。

(5)科学普及科技。利用乡村图书室、文化室、科普宣传栏等活动阵地,向广大农民宣传现代文化,弘扬科学精神;积极发展壮大科普策划组织、创作设计、研究开发、传播经营等专门人才和科普志愿者、青少年科技辅导员等队伍规模,为公共科普服务能力提升提供支撑。

5. 生活富裕科技

“天下顺治在民富。”围绕农民群众最关心、最直接、最现实的利益问题,用科学技术助力解决好农民关心的生活问题，把乡村建设成为幸福美丽新家园。可以通过以下几个方面来实现这个愿景。

(1)发达的网络技术。网络通信技术的发展程度对于愿景的实现是必要的，随着生活富裕目标的实现，家庭定制网络服务、高速网络普及等都将陆续成为现实。先进的网络通信技术，使得农村居民的生活更加便捷高效，足不出户便可以对农业生产进行管理，从而提高生产效率，这也是收入水平提高的保障。

(2)高水平的制造业科学技术。高水平的制造业科学技术保障了现代交通工具在农村地区的普及，为农村基础设施建设提供更高质量更充足的原材料和先进的生产工具。此外，制造业的定制服务、纵向一体化、先进的物流体系和设备传感器、自动控制、智能机器人、嵌入式电子设备及网络互联等技术的综合运用也都有利于实现生活富裕的目标。

(3)先进安全的水处理设备。为保证农村自来水的普及，先进的水处理设备是很有必要的。另外，膜技术等现有难题的关键性突破也可以克服水资源分布不均带来的问题，将河水等卫生等级较低的水资源转化为可用的自来水乃至更健康、更高端的水资源。

(4)先进的健康医疗科技技术。充分发挥医疗新技术、新药物、新器材在农村医疗体系中的作用，提高农村医疗技术水平，改善治疗效果，推动运用现代医疗技术解决农村地区医疗技术力量薄弱、医护人员数量少、诊疗水平不高等问题，吸引更多的村镇居民到基层医疗单位就诊，促进农村科技健康医疗工作达到更高水平。

(5)科技服务教育。开展多层次、多模式的在线教育。突破大规模开放式远程教育关键技术，实现远程教育智能化、可视化全程监管、自动化数据汇总和智能分析，构建技术平台与信息资源库，实现资源标准化、平台一体化、教育培训规范化。

(6)科技服务企业。鼓励各地因地制宜、各具特色地规划布局建设“星创天地”[①]，促进广大农村地区大众创新创业；支持重点企业、特色企业、知名企业采用对外引进、技术合作、自主创新等多种模式用好科技服务，促进自身更好的发展；着力培养农技专业服务公司等农村科技服务市场主体，加快市场主导的科技服务体系建设进度。

---

① “星创天地”是众创空间在农村基层的一种表现形式，是对星火计划的一种传承和发扬。全称是“星火燎原，创新创业，科技顶天，服务立地”。

第七章

农业科技发展重点方向

围绕农业现代化的重大需求、瓶颈制约问题和科技工作部署，做好农业科技领域的总体设计，不断优化以国家重大科技项目为引领的研发布局，构筑先发优势，在农业发展的核心领域部署实施若干重点科技创新行动，积极拓展实施一批重点研发计划、重大项目。

一、现代农业产业兴旺科技支撑行动

针对产业兴旺总要求，面向国家农业现代化重大需求、世界农业科学前沿和未来科技发展趋势，针对事关现代农业产业核心竞争力的重大战略任务，选择对提升持续创新能力带动作用强，研究基础和人才储备较好的战略性、前瞻性及卡脖子科学技术问题，以机械化生产为核心，部署强化以原始创新和系统布局为特点的产业支撑关键技术研究、重要农业产业、特色农产品生产现代化科技创新任务。重点突破农机与农艺和信息融合、安全高效种植和养殖、信息感知与控制、装备高效智能化、生产过程机械化、生产运营智慧化、农产品加工精细化等关键技术；以系统化、配套化、高效化、实用可靠为核心，研制全程机械化薄弱环节轻便小型、高端智能化关键与成套装备；以数字化信息为基础、智能装备为支撑，优化完善农业智能生产、智慧运营技术系统，支撑农业现代化综合生产能力提升。

1. 加快突破现代农业支撑共性关键技术

围绕农业合成生物学、农业生物高效安全种养、农业动植物生物安全、动植物和机器信息感知与调控、农业智能生产、农业智慧运营、农机装备智能化与制造、农产品加工智能车间等技术开展科技创新，提升产业支撑关键技术供给能力。

(1)农业合成生物学技术。研究新型高效智能人工农业生物创制及设计原理和方法，以及基因组与染色体合成、大规模高通量 DNA 合成、蛋白质分子的设计与组装等技术，创制合成育种和重要植物天然产物等新产品。

（2）农业生物高效安全种养技术。研究农作物、畜禽水产、林果花草、食用菌等农业生物优质、高产与资源高效利用协同提升机理，创新作物优质丰产增效、畜禽水产高效健康养殖关键技术，研发农艺农机融合、增产增效并重、生产生态协同的绿色增产增效生产技术模式。

（3）农业动植物生物安全关键技术。研究农作物、园艺作物、森林、禽畜与水产重要有害生物发生预测预报、快速检测（诊断）、应急控制、生物防治、综合治理等技术，创制靶标农药与疫苗等重大产品，建立重大毁灭性病虫害、重大疫病、人畜共患病精确监控预警与绿色防控技术体系，以及重要入侵物种实时安全防控技术体系。

（4）动植物和机器信息感知与调控技术。研究动植物和微生物生理、生态、生长、环境信息感知技术和机器本体、机器作业信息感知技术，研究天空地遥感、卫星定位与智能导航技术；开发基于大数据的智能决策技术与系统、传感器和基于传感器的物联网技术与系统；构建动植物生长模型及全生命周期智能调控，打好机器作业智能技术基础。

（5）农业智能生产技术。基于信息解析、表型特征识别与可视化表达、大数据与智能决策等理论与方法，研究“星-机-地-动植物”信息协同技术与主要投入品精准实施技术系统，建立以信息化技术为先导、先进农艺与智能装备融合为支撑、机械化生产综合服务为主体的智能农业生产体系，实现电脑替代人脑，推动农业生产方式转变。

（6）农业智慧运营技术。集成农业物联网、大数据、云服务等新一代信息与人工智能技术，研究构建农业资源与农情智能监测、农用物资智能调度与运维、农产品质量安全监管、主要产业动态数据平台，开发面向农产品产销对接、机械化作业服务、农产品加工与保质储运、全程质量追溯等业务的信息系统，培育“互联网＋”现代农业新模式、新业态，实现知识代替经验，推动农业生产经营向智慧化转变。

（7）农机装备智能化与制造技术。研究减阻降耗、耐磨延寿、表面强化、高效传动、电动化、试验测试、主动可靠性等技术，开发关键部件新机构、新材料、新工艺，研制经济作物生产、丘陵山地作业等薄弱环节技术装备和规模化生产农机智能化技术与装备，提升达标排放、精准植保、高效青贮、废弃物收集、生物转化、自主化机器人等技术系统与装备。

（8）农产品加工智能车间技术。以安全、保值、减损、节能为目标，研究农业投入品检测评价及质量控制和农产品产地安全评价与控制、污染物筛查与真伪鉴别、质量安全风险评估与预警等技术，研究农产品质量安全过程变化机理及控制、产地清洁、品质分级、保鲜保质、储运监管等技术，开发产地节能增效、预冷保质贮藏、高效加工、品控包装、快捷配送、电商交易、全程质量监管、精准快速质量检测等系统，开发适合农产品原料特色的自控装备、加工流程优化与监管系统等。

2. 加快推进农业产业现代化科技创新

围绕强化关键核心技术自主创新，保障农产品综合生产与供给能力，以高效机械化生产为主线，多元化技术融合为重点，加快高端农机装备和丘陵山区、果菜茶生产、畜禽与水产养殖等成套装备研发，推进大宗作物、淡水渔业、蓝色粮仓、设施园艺、设施畜牧业、林业、草业、农产品与食品加工业、农业生物制造产业等现代化科技创新，着力提升产业高效化、精细化、智能化、绿色化发展能力。

(1)大宗作物现代化。围绕大宗农作物主产区，研发适于生产系统化、高效化、标准化、机械化、智能化的作物种植、土壤管理、有害生物防控等关键技术和机械化智能生产全程装备，开展流域性农田生态系统优化、现代作物品种配置、农机农艺融合，构建主要粮油经等大宗农作物主产区现代化生产技术新体系。

(2)淡水渔业现代化。开展淡水鱼类种质资源保护及可持续开发利用、良种制备、主导及特色品种生态高效养殖、病害免疫防控、环境与鱼群行为监控等技术研究，研发饲料营养加工、水产养殖智能装备与设施、水产品保质储运与精细加工等装备，建立主要养殖水产品全程物联网及质量可追溯技术体系，创建主导及特色品种的池塘绿色生态新型健康养殖新模式和工程化渔农生态综合种养新模式，提升淡水渔业生产能力。

(3)蓝色粮仓现代化。重点突破良种创制、智能装备、健康养殖、资源养护与牧场构建、友好捕捞、保质储运、绿色加工等关键技术，着力打造一批新品种、新装备、新技术和新模式，实现成果转移转化和产业化，形成生态优先、陆海统筹、三产融合、链条完整的产业集群，为现代海洋农业产业发展提供强有力的科技支撑。

(4)设施园艺现代化。围绕设施蔬菜、果树、食用菌、花卉等主要园艺作物，重点开展园艺种质资源挖掘与利用、高效高通量育种技术研发与新品种选育、优质抗病基因克隆、定向基因编辑和病虫草害绿色防控技术研究，研发园艺小型化、电动化、智能化全程作业、设施园艺资源高效利用、能源智慧管理、水肥一体化等技术及装备,集成示范,提升产能。

(5)设施畜牧业现代化。围绕设施养殖全产业链提质增效需求,以安全、环保、高效为目标,重点研发主要畜禽疫病检测与防控、主要畜禽安全健康养殖工艺与环境控制、饲料健康加工与精细饲喂、自动化屠宰加工、养殖废弃物无害化处理与资源化利用等关键技术及成套装备,促进养殖业健康可持续发展。

(6)林业现代化。围绕支撑生态建设、林业全产业链增值增效的科技需求,重点开展林业资源培育与利用、林木种苗生产、林木种植与抚育、林业轻简装备制造、林产品采收与高品质加工,以及森林数字化监测、生态修复与保护和机械化等技术研究,加快建立绿色生态全产业链现代林业技术体系,为保障国家生态安全、粮油安全、用材安全提供科技支撑。

(7)草业和草原现代化。重点开展草业资源培育与利用、人工草地建植、规模化牧草丰产、草原生态保护与修复等关键技术研究,研发草业田间生产全程机械化作业装备、牧草种子加工成套装备、牧草高品质干燥成套装备、多元化草产品加工及保质储运成套装备与设施、草原修复设备等,构建现代草业高品质生产与草原生态保护技术体系。

(8)农产品与食品加工业现代化。以绿色加工、低碳制造和品质控制为核心,重点突破高效分离、物性重构、低温加工、节能干燥、营养靶向设计、生物制造、保质储运、工业化流程智能调控等关键技术,研发农产品商品化处理、健康食品精准制造、食品适度加工、新型杀菌、生鲜食品物流过程品质劣变控制、食品加工过程有害物主动防控制、健康型智能化中央厨房等装备,创制健康粮食制品、健康食用油产品、优质冰鲜肉制品、高值水产食品、营养果蔬新产品、新型食品添加剂和配料等产品,提升食品营养健康保障水平。

(9)农业生物制造产业现代化。重点创制生物农药、生物肥料、生物饲料、基因工程疫苗、植物生长调节剂、生物能源、生物基材料、兽用生物制品等农业生物制品,并实现产业化。

3. 加快推进区域特色重要农产品产业化科技创新

针对我国区域特色重要农产品产业现代化需求,立足当地特色和资源优势,围绕种质资源挖掘、育种与品种创制、栽培和养殖、关键环节机械化的科技创新链条,重点开展特色资源收集鉴定评价与创新利用、高效育种技术研发与新品种选育、高效生产技术体系构建、生产大数据及物联网技术研究;针对全程机械化的关键和薄弱环节,突破核心技术,研制“耕、种、管、收、储、分选、加工”等全程装备,构建以优良品种为核心、适于不同区域的全程高效机械化生产技术装备体系;全面推行标准化生产和产品质量安全可追溯制度,形成区域特色农产品高产高效绿色综合生产模式,在典型区域示范推广应用,引领乡村优势特色农产品产业现代化,实现产品品种专用化、种植全程机械化、生产加工自动化、产品个性化、经营集约化,提高产品质量和附加值,充分发挥对农民增收和区域经济发展的带动作用。具体包括以下 9 个方面。

(1)大宗蔬菜产业现代化。针对十字花科、茄科、葫芦科等大宗蔬菜,开展种质资源挖掘与利用、育种技术研发与新品种选育、智能化轻简高效机械化生产技术模式、病虫草害绿色防控等技术研究,开发机械化育苗、移栽、收获等关键装备,集成优化品种、栽培、机械、加工等产业链成套技术,促进产业现代化高效发展。

(2)马铃薯产业现代化。依据区域条件,筛选和选育抗逆品种,研究机械化生产技术模式,突破水分一体化技术难题,重点研究整地、播种、收获、灌溉、贮藏、物流等产业链技术和成套设施与装备,加快科技成果转化和应用,推广生产品种专用化、种植区域化、生产机械化、经营产业化、产品主食化技术。

(3)大宗果品产业现代化。针对苹果、香蕉、红枣等大宗果品,开展特有、特用、特色种质资源创新与利用,研究适合机械化管理的高产优质栽培和管理模式,开发根系施肥、冠形修剪、果实采摘、保鲜贮运等机械化成套装备,构建机械化生产技术体系。

(4)大宗油料和糖料作物产业现代化。针对油菜、花生、油莎豆、甘蔗等,结合现代生物技术与常规技术,培育高产高效高抗广适、机械化作业的优良新品种,突破精量播种、高效施肥、机械收获等关键技术装备,创新高附加值产品的精深加工技术。

(5)牧草和饲用作物产业现代化。针对紫花苜蓿、芒草、杂交狼尾草、构树等,重点开展新品种选育与种子生产关键技术研发,突破优质高效栽培、机械化收获、节能保质干燥、饲料化综合应用管理等关键技术,研发高效低损机械化生产、饲料化加工技术及配套装备。

(6)大宗花卉产业现代化。针对月季、百合、菊花、香石竹、牡丹、兰花等,结合现代生物技术与常规技术,培育适应不同区域气候环境特点的新型高抗优良新品种,建立高效、优质种苗(球)繁育、设施化机械栽培及便捷、高效采后贮运体系。

(7)主要木本粮油产业现代化。针对油茶、核桃等大宗木本粮油,开展优异种质资源创新与利用,研究高产优质新品种定向培育、绿色有机高效栽培、产品精深加工与质量安全控制等关键技术,研发省力化、轻量化采摘机械、加工设备等配套装备。

(8)区域优势特色资源产业现代化。针对青稞、小杂粮、食用菌、茶树、银杏、杜仲、天然芳香植物、道地中药材等,加强种质资源研究,选育高抗、优质、特色新品种,研发推广先进适用、绿色高效的生产技术与产品质量可追溯技术,研究推广先进适用机械化技术和装备。

(9)区域特色畜禽水产产业现代化。针对奶山羊、鸭、鹅、小龙虾、大闸蟹等,推广良种和配套养殖技术,研发养殖规模化、生产标准化、废弃物处理无害化等关键技术,优化轻简化、机械化、精准化养殖与加工技术设备。

4. 农业绿色发展科技创新

围绕农业绿色发展行动的重大科技需求,重点开展化肥农药减施增效、重金属和现代农业化学品污染防治研究,推进节水农业、循环农业发展,促进农业绿色生产和优美生态环境有机融合,实现村镇可持续绿色发展。

(1)化肥农药减施增效科技。聚焦我国主要粮食作物、大田经济作物、蔬菜、果树化肥农药减施增效的重大任务,开展化肥氮磷减施增效机理与调控途径、化学农药减量控施机理与调控机制、耕地地力影响化肥农药利用的机制研究;研发新型肥料与化肥替代减量技术、化学农药替代技术及产品、高效施肥技术与装备、高效施药新技术及新装备。开展化肥农药减施技术模式研究与示范,创新化肥农药减施的技术评价及推广培训机制。

(2)重金属和现代农业化学品污染防治科技。开展农田和农产品重金属源解析与污染特征研究,探索农田系统重金属迁移转化机制和安全阈值,开展现代农业化学品(抗生素等)溯源、迁移和转化机制研究;研发农田重金属污染阻隔和钝化技术与材料、重金属污染农田的植物萃取技术、地球化学工程修复技术;研发现代农业化学品的高效低成本吸附材料及优化组合生态技术;突破现代农业化学品和重金属污染物全方位防治与修复关键技术瓶颈,提升装备和产品的标准化、产业化水平,建设技术集成与示范基地。

(3)节水农业科技工程。研究作物高效用水和优化配水的新理论,阐明主要作物高产高效的需水阈值及调控途径,定量表征农业水转化耦合过程农业用水效率链,构建农业水资源调配理论与方法;研究基于遥感和大数据信息的区域农业节水精准补贴与节水奖励激励机制;研发农业节水的生物、农艺、化控、灌溉及管理等单项技术及协同技术,构建区域主导种植业标准化节水体系,制定农业节水增效技术标准或规程;建设不同类型区域农业节水增效示范区,提出农业节水增效技术模式。

(4)循环农业科技工程。建设绿色农业和有机农业标准化生产体系,构建规模化、机械化、技术化的绿色低碳循环农业模式，创新循环农业发展激励机制。优化调整种养结构，构建种植-养殖-沼气(有机肥)高效结合的循环农业体系，研发秸秆肥料化、饲料化、燃料化、原料化、基料化高效利用工程化技术及生产工艺，突破畜禽粪污厌氧干发酵技术、粪肥还田及安全利用等核心技术，形成农业废弃物循环利用技术集成和示范。

5. 现代种业自主创新

围绕提升种业自主创新能力和水平，以解决种业关键技术和产品国际依存度高的突出问题，面向新时代对农畜产品供给多元化、优质化及营养健康需求，保障食物安全，建设种业科技强国。在国际化种业企业培育上，形成全球化全产业链研发布局，推动“中国品牌”的品种或种源走向国际。

以主要农作物、畜禽水产、林果花草、微生物等为对象，从基础研究、资源和材料创新、品种创制到企业培育进行全链条系统设计，系统部署研发任务，在事关国家种业安全的战略物种上创制一批重大新品种。在基因编辑技术、合成生物技术、全基因组选择技术、智能化制种技术、规模化基因挖掘技术、高通量精准表型鉴定技术、高效安全转基因技术等种业科技前沿领域，抢占种业科技战略制高点。在种业创新机制上形成以市场为导向、政府投入为主的国家种业技术基础创新体系，打造种业高技术企业集群。

二、统筹农业农村科技创新基地建设

围绕国家创新驱动发展战略、聚焦乡村振兴战略需求，在农业农村领域布局一批战略定位高端、组织运行开放、创新资源集聚的科技创新基地与平台，打造农业科技国家战略力量。构建并完善符合中国特色、满足农业农村永续发展需要的国家实验室、国家重点实验室、国家工程技术研究中心、国家农业科技创新战略联盟、国家产业技术创新中心等平台基地网络体系，为农业农村科技创新活动提供持续基础保障。

(1)完善国家农业科技创新基地与平台。针对农业领域重大战略性理论问题，筹建粮食安全、生态安全、食品安全领域的农业国家实验室 1～2 个，培育重大原始创新成果，突破产业核心关键技术，引领新兴产业发展。完善国家重点实验室结构布局，在绿色发展、主要作物生物学、食品与生物安全等领域布局，新增建设 3～5 个国家重点实验室。在农业重大装备、食品加工、生物制造等领域完善国家技术创新中心布局，新增建设 10 个国家技术创新中心。围绕学科发展的前瞻性战略需求，建设农作物表型组、农业气候环境模拟舱、农业大数据等重大设施与重大工程。

(2)布局建设区域农业创新中心。围绕关系国计民生的优势主产区大宗农产品，选择优势单位，在东北水稻、玉米、大豆主产区，河南、山东小麦产区，陕西、新疆林果产区，南方稻区，新疆棉区，北方杂粮区，热带亚热带特色果品等区域建设国家大宗农产品产业创新中心，并在不同优势地区，依托当地省级专门研究机构，设立综合实验站，形成研究网络和研究合力，系统解决制约大宗农产品产业发展的理论与关键技术问题，确保农业产业安全；围绕事关国家重大区域战略、人类生产生活健康及制约可持续发展的区域发展问题，建立部级、省级互动的区域农业发展创新中心。

(3)推进农口产业技术创新战略联盟发展。整合不同单位、不同学科、不同领域的创新主体，到2022年，建设100个农口产业技术创新战略联盟，开展联合攻关与协同创新。支持农业上市公司、龙头企业建立高水平研发机构。引导各科研单位一盘棋密切合作，促进多学科技术成果一体化综合集成。实现企业牵头、科研上下游协同的一条龙组织模式，发挥联盟在解决农业基础性、区域性、行业性重大关键科技问题中的作用。加大财政支持力度，引导企业、风险投资、社会资本支持联盟建设。

(4)建设现代农业产业科技创新中心。聚焦乡村振兴中的技术集成和产业融合发展需求，重点推进生物育种、农机装备、食品加工、林业资源利用、水产加工、草业等重点领域先行先试，筹建30个现代农业产业科技创新中心，加强政策倾斜和资金支持，构建“政府引导、市场运作、协同开放、投资多元、成果共享”的政产学研用创协同创新综合体，创新产业核心技术、孵化培育创新企业，促进优势产业集群发展，实现科技产业无缝对接，打造区域农业经济增长极。

(5)推动农业科技资源开放共享服务平台。充分发挥国家重大科研基础设施、大型科学装置和科研设施、野外科学观测试验台站、南繁科研育种基地等重要公共科技资源优势，推动面向科技界开放共享。整合和完善科技资源共享服务平台，形成涵盖科研仪器、科研设施、科学数据、科技文献、实验材料等的科技资源共享服务平台体系。建立健全农业科技资源共享服务平台运行绩效考核、后补助和管理监督机制。

三、加强农业农村科技人才队伍建设

乡村战略实施要把人力资本开发放在首要位置，推动乡村人才振兴。针对我国乡村人多但人才不多，乡村本土人才还存在层次不高、结构不合理，尤其是科技人才匮乏的现状，加强涉农院校和学科专业建设，加强农业科技领军人才、创新创业人才和创新团队培养，建立科技人员定期服务乡村机制，深化农业系列职称制度改革。加强农技推广人才队伍建设，深入推行科技特派员制度，完善落实科技特派员选派政策，鼓励各地创新开展专家服务团、大学特聘教授等选派方式。加强职业农民和乡村企业家科技素质培训，提升农民职业技能。实施“三区”[①]人才科技人员专项计划。

(1)推进农业科技创新创业领军人才计划。不断深化农业农村创新产业人才体制机制改革。在农业农村优势领域突出培养一批世界一流科学家、科技领军人物，重视培养一批优秀中青年科学家，增强科技创新人才后备力量，每年选拔支持50名左右农业科技创新领军人才、100名左右杰出青年农业科学家；重点培养一批交叉学科创新团队，促进重大成果产出，每年支持30个农业科技创新团队；支持培养农业科技企业创新领军人才，提升企业发展能力和竞争力，每年支持50名左右农业科技创业领军人才。

(2)实施乡村振兴科技服务人才特聘计划。深入推行科技特派员制度。加强科技特派员等农业农村科技人才队伍建设，完善落实科技特派员选派政策。鼓励高校和科研院所掌握现代农业关键技术及乡村振兴战略研究与规划技术的专家、现代农业产业体系岗位专家、具有丰富实践经验的教授延退等深入服务乡村振兴建设。到2022年选派100万名科技特派员，1万名乡村振兴特聘教授。

(3)实施乡土专家科技培育计划。依托“星创天地”、高校及科研院所，针对具有丰富的基层农业生产、管理、经营经验的乡土专家开展农业农村科技知识与能力的培训。到2022年，培育10万名乡土科技专家，授予“乡村专家技术职称”。提高各类乡村创业主体的科技素质，推进农村大众创业、万众创新，每年支持100名左右农业农村科技型企业家。

(4)实施职业农民科技培训计划。以“三区”人才支持计划、科技人员专项计划为抓手，发挥科技特派员作用，加强对贫困地区高校毕业生、返乡农民工、大学生村官、退伍军人、家庭农场主、科技示范户等生产经营主体的培训，培养一批懂技术、会经营、善管理的脱贫致富带头人和新型职业农民。依托高校和科研院所通过远程教育与实地讲授的形式，开展“三农”科技创新宣传与科普下乡入村行动，培育一批有文化、爱科学、懂技术、会经营、善管理的高素质新

① 边远贫困、边疆民族地区和革命老区。

型职业农民，打造“农民技术职称”品牌，提升农民职业技能。到 2022 年，培训职业农民 30 万人。

四、促进农业高新技术产业发展

根据“四化同步”[①]发展和一二三产业融合发展的要求，紧紧围绕高新技术引领现代农业发展和促进农业现代化，针对农业产业国际竞争力低、农业全要素生产率低、农业高新技术少的现状，以及农业高新技术产业尚未形成产业集聚、协同发展的态势，通过引入高新技术，实现用工业化、工程化思维发展现代农业，用高新技术改造传统农业，用现代商业模式激活农业，使我国农业成为具有国际竞争力的现代产业。重点建设一批国家农业高新技术产业示范区、国家农业科技园区和省级农业科技园区，加快培育农业高新技术企业，打造现代农业创新高地、人才高地和产业高地。加快农业生物、信息、新材料、节能环保等农业高新技术产业发展，促进优势特色农业产业提档升级，培育具有竞争优势的高新技术产业集群。通过发展农业高新技术产业，加快农业新品种不断更新，农产品加工向高端化、精深化发展，农业现代化装备向智能化方向发展，获得一批突破性的农业重大产品和重大装备，充分体现农业产业的特点，推动一二三产业融合、产城产镇产村融合和农业上中下游形成产业聚集效应，显著提升我国农业国际竞争力，让农民共享产业融合发展的增值收益，成片带动乡村振兴发展。

(1)建设一批农业高新技术产业示范区。以国家农业高新技术示范区建设为龙头，大力发展新一代生物技术、先进生物制造技术、农业新材料技术、新一代信息化技术及智能装备、食品制造先进技术等农业高新技术，培育世界级农业高新技术企业，打造农业高新技术产业集群。到 2022 年，建设 50 家左右国家农业高新技术产业示范区、300 家左右国家农业科技园区、1 000 家省级农业科技园区体系，吸引更多农业高新技术企业到科技园区落户。建成 200 家左右农业高新技术企业孵化器，显著提升农业高新技术企业孵化能力。

(2)加快农业高新技术产业和企业培育。面向生物种业、生物制剂、智能农机装备与设施、农业物联网、食品制造、生物能源等现代农业产业，按照农业高新技术产业发展的规律和趋势，构建创新创业、企业孵化、产业集聚、发展指引的服务体系，形成有利于农业高新技术产业发展的环境和氛围。到 2022

① 工业化、信息化、城镇化、农业现代化同步发展。

年，培育15 000家以上农业高新技术企业。培植一批具有国际视野和引领作用的农业高新技术大型跨国企业，支持其参与国际标准制定，在海外设立研发中心。

(3)出台农业高新技术产业发展支持政策。科学界定农业高新技术企业概念，明确农业高新技术、产品领域，制定符合农业产业特点的高新技术企业认定管理办法，制定《促进农业高新技术产业发展的意见》，在研发投入、土地供给、财政投入、金融扶持、税收优惠、人才培养、知识产权服务等方面予以支持。支持农业高新技术企业牵头承担产业化项目，牵头建立国家重点实验室、工程技术研究中心等高水平研发平台。建立面向农业高新技术企业的科技金融服务体系，设立农业高新技术产业发展引导基金。

五、注重农业农村科技国际合作与交流

进一步完善"一带一路"农业科技布局和实施"一带一路"科技创新行动计划。在现有的合作基础上，通过拓展、合并、新建等方式，打造一批定位准确、布局合理、协同治理、运行高效的"一带一路"创新共同体；支持国际组织或发达国家在我国共同建设国际一流水平的联合研发机构；共同开展现代农业技术研究与示范推广；落实国家领导人出访成果和承诺及政府间协议内容，继续发挥政府间科技创新合作专项的引领作用，适时启动农业科技"大科学计划"；对接国际组织和双边重点项目，撬动和吸引国内、国际资金和社会资本，提升我国乡村振兴科技支撑能力和国际影响力；充分利用国际国内两个市场、两种资源，遴选具有显著科技优势和满足目标国需求的产品与技术，共同开展协同创新、技术集成、熟化示范，推动农业科技"走出去"；完善农业对外合作公共信息服务平台，建立健全农业"走出去"的技术服务与转化机制，提升服务农业"走出去"能力；积极参与全球粮农治理和国际规则制定，培育国际领先的农业高新技术企业；加大对农业科技人才和农村实用人才出国(境)培训，以及"一带一路"沿线优秀青年科学家来华培训支持力度。

(1)打造"一带一路"创新共同体。创建"一带一路"科技创新联盟，推动产学研深度融合；依托现有的联合实验室、农业科技园区、境外农业合作示范区、农业对外开放合作试验区、对外合作示范基地、对外技术转移中心等，面向"一带一路"沿线国家，建立中国－中亚、中国－南亚、中国－东亚、中国－阿拉伯国家、中国－东盟、中国－中东欧、中国－北部非洲、中国－西部非洲、中国－中部非洲、中国－东部非洲、中国－南部非洲、中国－拉美农业创新共同

体；加强与国际农业科技组织的合作，以多边促双边，支持国际组织或发达国家在我国共同建设国际一流水平的联合研发机构，开展现代农业技术研究与示范推广。

(2)牵头发起一批国际合作项目。立足确保国家粮食安全战略需求，从农业供给侧结构性改革的角度，有效整合利用政府投入、对外援助、南南合作基金等资源，积极吸引国际资金和社会资本，按照中方主导、多(双)边参与的原则，设立一批国际合作项目，适时启动农业科技大科学计划，形成对国内外农业产业及科技资源的有效聚合，通过产业引导、科技支撑、放眼国际，推动中国农业在两个市场、两种资源的整体开发中，走出国门，迈向世界。

(3)建立跨境动植物疫病"防火墙"。立足"关口外移、源头监控、技术共享"，对跨境动植物疫病进行预警、检测和监测，完成 5～8 种重大入侵生物风险评估和定量评价，研发防控技术，创制一批具有自主知识产权的防检产品，最大限度减少、阻滞动植物疫情的跨境传播；建立我国大区域扩散的风险评估及流行病学模型，形成"一带一路"沿线国家动物病原耐药性情况风险评估报告。

(4)打造一批国际知名的农业品牌。依托"一带一路"创新共同体、农业联合实验室、境外农业合作示范区、科技示范合作园区等载体，输出先进农业技术成果达到 100～150 项，输出新品种、新机具等物化科技产品 200 个以上，技术覆盖范围达到 20 个国家以上，使用面积达到 1 亿亩以上，收集获得作物种质资源 5 000 份，收集获得有益昆虫和微生物资源 300 种；申请国际专利 30 项。

(5)建设农业对外合作公共信息服务平台。依托中国农业科学院海外农业研究中心，继续完善农业对外合作公共信息服务平台，加强对全球各国农业科技基础、科技资源、科技潜力、科技战略、科技布局、科技趋势、农业政策、投资环境等多源异构数据信息的调查、分析、挖掘和应用，实现对重点国家、重点领域、重点技术的动态监测和追踪研究，及时、准确研判全球农业科技重大政策、重大事件、重大成果的影响及趋势，逐步构建起服务农业对外合作的公共信息服务体系。

(6)建设高水平国家级海外农业智库。围绕国家"一带一路"重大倡议和外交大局，建设多层次、系统性、经常化、有重点的海外农业战略研究体系；针对海外重点品种、重点国别、关键科学技术进展，积极开展农业科学发展态势、农业技术趋势、农业科技竞争力与学科评价等分析，并形成系列海外农业研究产品，为国家农业对外合作提供信息服务和科技趋势研判；积极参与全球粮食安全治理和农业贸易规则制定，促进形成更加公平合理的农业国际贸易秩序，真正成为国家倚重、社会信任、特色鲜明、国际知名的农业科技高端智库。

(7)强化人才交流与培训。通过国家“海外高层次人才引进工程”等特殊支持政策，建立一支高水平的海外农业科研、管理、支撑和转化人才队伍，利用国家专家局人才培训计划培训各领域科研和管理专业技术人才 400 名；每年派遣 2 名专家和管理人员到农业科技国际组织中心担任高级职务，派遣 20 名中青年专家到农业国际组织中心培训和合作研究；积极争取各方资金，扩大来华留学生招生规模。

第八章

农村现代化科技重点方向

一、加强农村现代化科技供给

1. 现代乡村生态宜居科技支撑技术

紧密围绕乡村振兴中“生态宜居”急需的关键核心技术，针对制约我国农村人居生活条件的全局性问题、乡村振兴中突出的乡村生态环境综合治理问题和影响乡村生活质量品质的关键短板，以打造生态宜居生活空间为目标，在生态宜居村镇建设、生态修复、环境治理、资源可持续利用等关键领域，重点攻克一些关键核心技术，研发配套技术平台等。

(1)村镇规划的理论与技术。重点研究乡村空间规模、容积率、空间廊道、空间布局、空间优化、空间重构等规划与设计技术，实施乡村景观、乡村生态空间、乡村生产空间、乡村生活空间融合规划与设计等重大工程，建立绿水青山生态系统，实现乡村“三生”空间的融合、协调与有序。

(2)宜居生态空间的格局恢复和设计技术。围绕宜居生态空间格局的构建和景观重塑，研究生态环境的自然变化规律，重点研发和创新山水林田湖生态系统治理技术、生态环境修复及养护技术，为维护乡村生态特色和安全格局、提升生态服务功能提供科技支撑；以水土保持林、防风固沙林、农田防护林、护路护岸林为切入点，研究区域尺度防护林体系空间布局、乡村防护林结构配置、退化林分改造与功能提升、周边矿山废弃地植被恢复等技术，构建乡村生态屏障建设技术体系，保障农业生产安全和居民生活安全。

(3)生态宜居村镇规划、设计与建设技术。围绕宜居村镇的住宅建设和环境综合治理等方面的科技需求，重点开展生态宜居村镇规划与评价、宜居村镇住宅建设、村落景观系统设计、村镇环境治理与新能源利用、传统村落与传统建筑保护利用等技术研究，建设一批地域特色鲜明、技术针对性强的示范工程，构建适合我国不同区域、不同类型的新农村建设模式，充分发挥科技在保障宜居村镇建设方面的支撑作用。营造宜居适度生活空间，保护山清水秀生态空间，延续人和自然有机融合的乡村空间关系。注重融入时代感、现代性，强化空间利用的人性化、多样化，着力构建便捷的生活圈、完善的服务圈、繁荣的商业圈，让乡村居民过上更舒适的生活。

(4)农村生态住宅设计和建设技术。目前，乡村住房修建以砖混和钢混材料为主，为突出体现节约、集约、生态的特点和乡村特色，避免简单盲目复制城市建设模式，开展乡村住宅功能提升及多元利用、农村建筑新材料的研究；开展节能、生态、经济、近零碳排放，并包含光伏应用等新材料、新技术、新工艺、新理念、新元素的“美丽乡村”改造和建设技术；开展乡土建材和新型环保节能建筑材料结合太阳能、生物质能等可再生能源的利用等技术。

(5)现代与乡土融合的乡村住宅设计技术。针对乡村规划建设过程中缺少传统文化传承、缺少文化特色符号的问题，重点研究乡村景观构建技术、现代与乡土融合的乡村建筑设计技术、田园民居设计和建设技术，梳理乡村原有文化脉络，体现现代与传统文化传承，创新乡村建筑设计思想与模式。加强乡村风貌整体管控与设计技术，注重农房单体个性设计。

2. 乡村人居环境提升技术

以提升乡村人居环境质量为目标，研究乡村宜居住宅设计、农村生活污水处理和再利用、生活垃圾资源化利用、乡村厕所系统集成及污染物全链条处理等关键技术，人畜饮用水安全，开发适合我国农村不同地域的农村污水处理利用、垃圾处理利用装备，开展乡村住宅设计和人居环境建设科技技术集成。

(1)绿色宜居住宅建设科技。开展乡村历史文化、传统民居传承及其现代化改造技术研究与示范；研发模块化快速建造村镇住宅技术体系、新型建筑材料、供暖设备及系统；研发适于我国典型地域的被动式农村住宅设计方法和技术体系。

(2)农村饮用水安全保障和生活污水处理技术。研究构建乡村饮用水源地污染预警体系、在线监控体系及智能化管理技术平台；研究乡村饮用水源地关键污染物控制、水质提升及生活污水处理与循环利用等重大共性关键技术及装备。

(3)农村生活垃圾分类和资源化处理技术。研发村镇生活垃圾源头分类减量和高效分选新技术；攻克生活垃圾能源化、肥料化、材料化等无害化、资源化利用关键共性技术集成及成套设备产品。

(4)乡村厕所生态链构建技术。研发集污染物收集、贮存、运输、处理、污水回用、营养元素回收于一体的技术，建成卫生、节水、节能、热环境舒适的厕所系统，形成具有自主知识产权的核心技术设备与成套化装备。

3. 区域生态环境改善科技支撑技术

以改善农村生态资源及环境问题为目标，针对农村生态环境恶化、土地退化、耕地质量不高等区域性全局性重大问题，重点开展农村资源综合及可持续利用、生态环境修复、环境污染治理、耕地质量提升等核心技术研发，智能装备研发和制造技术等，构建农业农村大数据平台，有效改善人居环境。

(1)山水林田湖草的生态建构理论与技术。研究城乡融合生态系统组分结构和时空结构变化过程，探索生物迁移、污染物传输等生态过程相互作用机制，构建“源—廊道—汇”生态过程调控理论。研发多尺度、多层次生态系统保护修复技术；建立污染防治、生态保护与资源利用多目标综合管理模式。

(2)区域生态综合治理和环境修复技术。以改善区域生态环境为目标，研究土地退化治理技术，开展沙漠化、石漠化、水土流失、黑土退化、盐碱化、酸化、重金属等各类生态环境治理和修复技术研究，研发土地复垦与生态修复防治技术。开展乡村林业生态防护体系优化布局、生态风景林结构优化、护田护路护岸林质量提升、乡村退化湿地林业修复、乡村周边沙化土地治理与修复、乡村周边岩溶石漠化区植被恢复、乡村周边矿山废弃地植被恢复、古树名木保护与繁育等技术研究。

(3)小流域治理与修复技术。研究小流域生态环境优化调控、监测预警与生态安全构建、污染物减排调控等基础原理与关键技术；基于小流域自然和社会特征，研发以生态修复型、生态经济型、生态清洁型为主的小流域综合治理技术；构建一批可复制、可推广的小流域生态修复与绿色发展技术模式。

(4)农业污染治理技术。研究污染源快速识别、监测技术，适用于不同规模经营主体的废弃物无害化处理技术和设备研发。

(5)耕地保护与建设技术。针对我国耕地质量不高，立足实现国家粮食安全战略的重大目标，重点开展耕地质量快速评价与快速监测技术、耕地质量提升技术、农田整治设计技术、土地适度规模化综合整治技术的研发及农林生态系统构建，开发相配套的智能装备，构建信息化管理平台等。

(6)耕地质量提升与土地综合整治技术。研发合理耕层构建及地力保育技术、少免耕地力提升技术、作物秸秆还田土壤增碳技术及盐渍化土壤改良技术及产品，形成不同区域土壤生产力提升技术体系。研发土地规模化综合整治与管理技术，支撑现代农业可持续发展。

(7)乡村景观体系构建和生态营造技术。研究村镇乡土生态景观营造、生物多样性保护、乡村特色植被培育、景观构建维护与景观规划建设等关键技术；研究乡村庭院/村落景观优化与生态强化技术、生态优美的森林村镇建设技术、乡村生态修复与产业融合发展模式。

4. 现代乡村基础设施和公共服务科技支撑技术

针对乡村基础设施建设不足的短板，重点在交通基础设施建设、公共基础设施完善、公共产品和服务均等化方面进行研发和技术集成。

(1)农村基础设施设计和建设技术。针对农村分布零散、规模小的特点，梳理乡村脉络，避免照搬城市基础设施设计和建设模式，研发符合我国乡村发展趋势、模式和特征的基础设施设计技术，研发适应乡村发展特点的“三生”基础设施设计、建设技术。

(2)现代农村信息化系统平台建设。加快农村地区宽带网络和第四代移动通信网络覆盖，围绕农村电商、餐饮、娱乐等新业态，开发特色适用的农业信息化新技术，研发农业农村大数据收集整理挖掘和云平台技术；建设适应“互联网＋”、电商发展的农村物联网系统，加快乡村地区物流管理信息平台建设。

(3)分布式农村能源科技技术。以保障农村能源有效供给和高效利用为目标，研究农村沼气、生物质能、光伏、风能、地热、水电等关键技术、新材料与装备；研发“多能统筹”利用新模式，形成多能互补的分布式农村能源生产供应体系；研究能源高效利用关键技术和装备。

(4)农村新能源利用技术。立足保障农村能源供给的目标，加快农村资源能源化技术研发，探索能源高效利用技术。

(5)农村生态道路设计和建设技术。针对农村特点，研发具备农村特色的生态道路建设材料和道路设计技术，以及景观融合设计技术；依托乡村振兴和农业旅游资源，研发自驾友好、景观友好的旅游景观和旅游设施设计技术、乡村道路铺设技术、游憩空间设计技术，充分发挥休闲农业乡村旅游等平台。

(6)现代教育科技支撑技术。以提供高质量的教育为目标，组建乡村远程教育体系和系统，重点建设教育综合信息网，搭建远程教育、互联网教育平台；融合城乡学校共享教育资源，创新适合不同类型乡村的“互联网＋教育”模式，开发“互联网＋教育”产品；构建面向不同文化层次新型农民的“智慧教室”、网络课堂、虚拟图书馆等教育资源共享平台系统。

(7)乡村现代医疗科技技术。以提升乡村医疗保障能力为目标，研究适应基层医疗需求的专家远程会诊、手术指导、异地就医联网会诊与结算等技术；研发一批适合基层医疗机构的高精度诊断产品；建设农村互联网远程医疗大数据技术平台，建立乡村居民电子健康档案、医疗在线咨询、图文诊断等系统。

5. 现代乡村文化和治理科技支撑技术

以提升乡村公共服务和公共安全为目标，针对乡村文化建设和公共安全治理与重大自然灾害防控的重大需求，建立面向农村的公共信息服务平台，研究开发法制建设、村务公开、基层党建、农村安保等移动终端产品，研究农村灾害监测预警、灾害远程协同处置、互联网保险服务等关键技术，形成数字化、网络化、便捷化的乡村综合治理科技体系。

(1)开展和组织文化科普活动。围绕乡村文化繁荣和传统文化传承，开展农业文化遗产普查，重视乡村非物质文化遗产保护，留住乡村记忆。重塑乡村文化风貌的理论研究，以构建新时代新乡土为目标，研究挖掘传统农耕文化内涵；开展乡村文化振兴科普和宣传行动，传承农耕文明精髓，深入挖掘农耕文明的精神价值、美学观念、道德规范、人生智慧，并结合时代要求进行创新，让乡村文化展现时代风采。针对农业生产、生活与生态发展需求开展科技创新宣传与科普下乡入村行动；针对农村区域特色农耕文化、民俗文化和民间艺术文化挖掘与保护，研究数字化模型构建、动画生成、互动体验、共享服务和数字科普作品快速开发等关键技术，为乡村特色文化产业提供科技支撑。

(2)建立面向农村的公共信息服务平台。加快“互联网＋政务服务”平台建设与应用，促进农村综合治理能力现代化。加快研发村镇建设、人居环境、数字农业和“互联网＋现代农业”技术，为乡村振兴提供创新动力。

(3)“智慧乡村”和“数字乡村”建设。以提高乡村信息化水平为目标，基于新一代信息技术与农业资源要素和乡村发展要素的重新配置与深度融合，建立“数字乡村”信息化网络平台，构建新型农村统计信息系统和农业农村大数据系统；开发乡村信息化应用软件，打造“数字田园”，实现乡村“三生”空间和田园的数字化管控。

(4)农村服务与安保科技。部署农村地区信息化立体化治安防范体系平台建设。开展道路安保工程、安保系统建设、安保智能化技术研究和集成应用。

二、强化县域创新驱动乡村振兴工作

围绕乡村振兴总目标和总要求，充分考虑县域是我国的城乡接合部的特点，统筹中央和地方科技创新资源大力支持县域科技创新。加大对县域科技创新工作的指导和支持，加强基层科技管理队伍建设，大力提升县域科技部门管理和服务能力，支持县域开展以科技创新为核心的全面创新。支持县域围绕产业发展、民生改善和民众科学素养提升的需要，积极与高校科研院所展开合作，建立产业技术研究院等多种类型的长效产学研合作机构和科学技术普及机构，大幅提升先进适用科技成果在县域的转化运用水平，加快提高乡村民众的科学素养，为建设生态宜居的乡村提供有力科技支撑。加强国家与县域科技创新政策衔接，面向县域企业等创新主体加强政策培训解读，加大科研成果转化及农业科技创新激励相关普惠性政策在县域的落实力度，营造更加良好的创新环境，加快调动县域企业等各类主体的创新积极性。鼓励县域加强“星创天地”、科技企业孵化器等创新创业载体平台及成果转化示范基地建设，加快构建县（市）、乡镇和村三级协同的科技成果推广运用网络，使科技更多惠及广大乡村，培育新的经济增长点，发展壮大农村特色新兴产业，走出一条依靠创新驱动县域经济社会协调发展的新路径。

（1）实施科技支撑乡村振兴示范村行动。针对村一级的现实紧迫需求和科技成果运用能力，在现代农业、现代乡村生态宜居和农业农村现代化领域遴选一批先进适用技术，进行优化集成和实用性、易用性与低成本运用改造，在全国若干发展基础好、具有典型性和代表性的村进行综合试点运用，加速科技成果向乡村集成转移转化，并积极发挥示范村作用，带动广大乡村积极运用先进技术，让科技成果更好、更快、更广惠及广大乡村民众。

（2）实施“星创天地”科技创新创业行动。加快资源集成，积极运用共享、众包、众筹等先进理念，因地制宜、各具特色规划建设一批高质量的“星创天地”，为科技特派员、大学生、返乡农民工、退伍军人、乡土人才等的创新创业提供专业化、多元化、集成化的服务。加强“星创天地”导师队伍建设，为新型农民创新创业、小农户、农民合作社、家庭农场搭上农业科技快车提供智力支撑。优先支持在深度贫困地区建设“星创天地”，鼓励东部地区“星创天地”在中西部贫困地区开展帮扶和创业式扶贫服务，助力脱贫攻坚。优先支持产业带动能力强、创业培育孵化水平高、带动农民脱贫增收效果好的“星创天地”建设。到 2022 年，至少发展 3 000 个“星创天地”。

（3）建设一批创新型县（市）。通过部、省、市、县四级联动，在全国遴选一批党委政府对科技创新工作高度重视、创新特色鲜明、创新创业环境优良、具有典型性和示范性的县（市），围绕特色主导产业发展和生态宜居环境改善等的需要，通过加强与高校和科研院所的合作，加快建设产业技术研究院等产学研合作和技术转移服务机构，运用研发合作、技术转让、技术许可、作价投资等多种形式在县域开展科技成果转移转化，探索县域创新驱动发展的新模式和新路径，加速本地区的高质量发展，积极发挥对同类地区的示范带动作用。到

2022 年，全国至少布局建设 100 个创新型县（市），每个创新型县（市）的本级科学技术支出占本级财政支出的比例至少达到 1.8%。

（4）开展全国县（市）创新能力监测和评价。落实国家创新调查制度，开展全国县（市）科技创新能力监测和评价，及时、准确和系统地了解县域科技创新状况，发现科技创新先进县（市），总结提炼县域科技创新的典型经验和有效模式，把握各级各类科技创新政策在地方的落实情况，为更科学和高效地支持县域科技创新提供有力支撑。

三、依靠科技助力打赢脱贫攻坚战

瞄准贫困地区普遍存在的科技和人才短板，围绕贫困地区特色产业发展和生态建设中的关键技术问题与技术要求，立足西藏自治区、四省藏区、南疆四地州和四川凉山州、云南怒江州、甘肃临夏州（以下简称“三区三州”）等深度贫困地区脱贫攻坚需求，推动科技人才和成果向贫困地区集聚，重点实施科技扶贫“百千万”工程，调动全社会科技力量参与脱贫攻坚。

（1）区域性脱贫产业科技支撑重点研发计划。围绕区域性脱贫产业提质增效的需求，集中全国优势创新资源，对准 14 个集中连片特殊困难地区的整体脱贫目标，按照农村一二三产业融合的方式部署实施“区域性脱贫产业科技支撑重点研发计划”，构建服务于区域性脱贫攻坚的科技支撑体系，在每个片区形成不少于 5 个贫困覆盖面大、增收带动力强的区域性特色产业科技体系。结合片区的区域发展与脱贫攻坚规划选择特色产业内容；开展“秦巴山片区生物资源开发与利用”等区域科技重大问题研究，破解制约贫困地区发展的技术瓶颈问题，推动秦巴山片区成为“科技扶贫示范区”。

（2）贫困地区创新创业资源集聚行动。扶持培育贫困地区各类创新创业平台和载体，引导各类创新创业资源向贫困地区脱贫攻坚集聚。建设不少于 300 家农业科技园区，推动符合条件的省级农业科技园区升级为国家农业科技园区；发挥高新区和农高区对贫困地区脱贫产业的辐射带动作用。建设不少于 500 家“星创天地”，为贫困地区“大众创业、万众创新”提供低成本、专业化、便利化、信息化服务，进一步激发贫困地区创新创业活力。鼓励贫困地区“星创天地”结成创新创业联盟，丰富贫困地区项目、信息、人才、管理、资本等各类创新创业资源。

（3）东西部科技精准帮扶结对行动。利用东西部联动和对口支援等机制，推动国家高新技术产业开发区、国家农业科技园区、国家临床医学研究中心、国家科技资源共享服务平台、国家国际科技合作基地、火炬特色产业基地、高等学校、科研院所、科技型企业等与贫困地区对接，签订帮扶协议，建立不少于3 000对稳定帮扶结对关系，增加贫困地区科技创新力量，探索创新驱动发展新路径。继续实施好科技援疆、科技援藏、科技援青，提升贫困地区创新力量。

(4)贫困群众志智双扶科普促进行动。通过示范带动和科普宣传，普及科学知识，弘扬科学精神，逐渐消除“等靠要”思想，提高贫困群众科学文化素质和自我发展能力。继续组织好科技、文化、卫生“三下乡”和“科技活动周”，鼓励和支持国家高新技术产业开发区、国家农业科技园区、国家临床医学研究中心、国家重点实验室、国家国际科技合作基地、火炬特色产业基地、高等学校、科研院所、科技型企业等组织针对贫困地区的科普活动，解决贫困群众内生发展动力不足问题。每年向14个集中连片特殊困难地区推荐、发布先进适用技术，加快科技成果在贫困地区转移转化。

(5)深度贫困地区创新能力提升行动。推动新增科技计划资金、新增科技扶贫项目、新增科技扶贫举措主要用于深度贫困地区，着力改善深度贫困地区创新环境和创新条件，提升贫困地区创新能力。在深度贫困地区开展科技列车行、流动科技馆进基层等科普活动，援建科技创新操作室。针对深度贫困地区编写发放《农村科技口袋书》，推广“星火科技30分”电视节目，制作面向深度贫困地区党员干部的现代远程教育课件，补齐深度贫困地区脱贫攻坚的科技和人才短板。

四、构建农业农村科技社会化服务体系

以市场需求为导向，以深化农业供给侧结构性改革，鼓励发展新型农业经营组织，促进小农户和现代农业发展有机衔接为主线，着力构建农业农村科技社会化服务体系，是适应农业农村发展新要求，发挥科技第一生产力的重要作用，有效支撑乡村振兴的重要举措，也是贯彻习近平新时代中国特色社会主义思想和党的十九大精神的必然要求。通过政府引导，社会广泛参与，科技资源系统集成，到2022年，农业农村科技社会化服务能力大幅增强，科技服务市场化、信息化水平显著提高。基本建成资源高度集聚、运行机制高效、支撑能力强大、创新创业服务作用显著的农业农村科技社会化服务体系。

(1)打造区域特色科技社会化服务基地。打破行政区划藩篱，根据农业生产的自然资源禀赋，针对农业生产的区域特征，重点在我国粮食生产功能区、重点农产品生产保护区、特色农产品优势区，建立乡村振兴科技社会化服务基

地；以多元、开放、综合、高效的原则，引导高校科研院所、龙头企业、社会化服务组织等在基地组建科技服务团队，建立科技服务平台，推动资源整合，建立服务协同和利益共享机制，结合创新型县（市）和创新型乡镇建设，围绕地方需求和问题导向，凝练重大科技服务任务，明确服务目标和方向，开展科技服务和人才培训等，为乡村产业发展、生态环境建设提供科技支撑、示范样本和经验借鉴。到 2022 年，建设具有区域特色的乡村振兴科技社会化服务基地 2 000 个。

（2）推动科技社会化服务主体联盟建设。联合高校、科研院所、龙头企业和社会化服务组织等，建立全国乡村振兴科技服务联盟及区域性乡村振兴科技服务联盟。以联盟为载体，推动自然科学和人文社会科学成果有机结合，加强成员间服务功能、要素和手段的协同，建立资源共享与交流网络体系，构建以农民进步、农村发展、农业升级为目标的协同创新机制，形成多主体、多学科、多领域、多区域、多团队共同参与的协同服务新局面，成为在产业兴旺、生态宜居、乡村文明、治理有效、生活富裕等乡村振兴诸方面具有综合服务能力的网络。到 2022 年，建成全国和区域性联盟 50 家。

（3）发展“互联网＋”科技社会化服务。利用新一代信息技术，建立集智能管控与在线互联于一体的农业农村社会化科技服务信息大数据平台，构筑“互联网＋”科技服务的农业社会化科技服务管理与服务模式，实现互联网创新成果与农业生产、农业经营、农业管理与农业服务及农村经济社会各领域的深度融合，为小农户便捷获得新成果与新技术、衔接现代农业提供保障条件。到 2022 年，建立一个国家级农业农村科技社会化服务大数据中心，每个省份或区域建立一个农业农村科技社会化服务大数据分中心，构建一个集信息发布、成果交易、政策咨询、在线诊断等功能于一体的信息化服务与管理系统，实现农业农村科技社会化服务线上、线下同步开展。

（4）培育科技型社会化服务企业。通过资金支持、税收减免等政策，推动建立开展有关农机、植保、农资、加工、仓储、测土配方、农业废弃物处理与资源化利用、大数据等服务领域的专业协会、合作社、龙头企业等科技型社会服务化服务组织；鼓励农资企业以农资供给为主转变为农资供给和服务输出并重；鼓励银行信贷、创业投资、资本市场等多类型社会资金资源投向科技型社会化服务组织，推进科技和社会资本的有机融合，发展壮大科技型社会化服务组织规模。重点扶持全程服务小农户生产的科技型服务企业，发挥科技型社会化服务组织的带动作用。通过科技型社会化服务组织，聚合分散的小农户，提升小农户的组织化程度，与小农户建立紧密的利益联结机制，将小农户生产引入标准化轨道，提升产品质量，打造品牌形象，有效增加农民收入，实现农户与现代农业发展的有机衔接。

(5)发挥高校优势,加大新农村发展研究院建设力度。在科技部、教育部的指导下,建立新农村发展研究院认定标准,在推进现有高校新农村发展研究院的基础上,吸引更多高校加入新农村发展研究院建设队伍。引入社会资源,健全组织机构,丰富服务内涵,优化服务机制,增强高校新农村发展研究院的服务能力;推进全国新农村发展研究院联盟建设,汇聚高校人才、科技资源,建立以产业发展为核心的协同创新机制,完善资源共享的科技服务网络;发挥高校的科技、人才和信息优势,围绕产业需求重大难题和区域农业发展重大命题,打造乡村振兴新型高端智库,开展产业技术协同创新,推动科技成果转移转化,强化"一懂两爱"的"三农"人才培养。到2022年,建立100家高校新农村发展研究院。在推进全国高校新农村发展研究院联盟建设的基础上,建立区域性高校新农村发展研究院联盟,使之成为我国乡村振兴的重要支撑力量。

第九章

科技支撑乡村振兴战略的政策创新

一、乡村振兴的国际政策经验梳理

对标美国、日本和德国等发达经济体，我国的农业农村现代化水平仍有较大差距，还存在农业综合效益不高、农村发展新动能不足、农产品国际竞争力不强等突出问题，实现乡村振兴还有很长的路要走。事实上，美、日、德等国家在不同的历史时期也不同程度地经历了乡村衰退的过程，最终依靠政府的政策帮扶实现了乡村振兴和城乡融合。

这些国家的乡村出现衰退时呈现出一些共性特征：从发展阶段看，一般发生于工业化、城市化快速推进的时期，农村劳动力向城市大规模迁移，城市部门是经济的主要增长点和财税价值创造的主体；从城乡关系看，城市发展居于主导地位，城乡收入和分配差距不断扩大，政策安排、资源要素向城市倾斜，形成了单方面以农补工、以乡促城的资源配置和城乡发展格局；从乡村自身看，农村总耕地面积和人均耕地面积有所减少，农业质量效益不高，农村空心化问题显现，"留守妇女、留守儿童、留守老人"现象较为突出，发展活力和内生动力明显不足。

当前，我国农业农村发展的现状也具有类似特点。因此，讨论中国的乡村振兴战略，有必要吸收借鉴国际上振兴农业农村的先进经验做法，借他山之石，找到促进乡村振兴的有效模式和可行路径，为走好中国特色社会主义乡村振兴道路提供有益启迪，对我国解决好"三农"问题具有重要现实意义。

1. 政府顶层设计，注重立法先行，补齐制度短板

充分发挥好政府在立法规划、宏观调控、监督监管等方面的引导作用，制定出台乡村振兴全国性或地方性法律法规，强化乡村振兴立法保障，夯实乡村建设发展的法律基础，明晰乡村振兴"有所为、有所不为"的法律边界，明确乡

村振兴需要支持保护的正面清单和限制禁止的负面清单，搭建起法治先行、规划引领、政策支撑的制度体系框架，为市场在城乡资源配置中起决定性作用营造法治环境，为龙头企业、专业合作社等新型经营主体参与农业产业化经营创造法治条件，为保护好农民根本利益、促进农民增收提供法治保障，使乡村振兴有法可依、有章可循。

在乡村振兴过程中，美国先后制定出台并修改完善了以《农业调整法》《农业法》《农业安全与农村投资法案》等为代表的百余部法律法规，通过立法明确了农业的基础性地位，有力地支持了农业农村发展。日本则根据不同阶段农业农村发展需要，不断完善法律保障体系，制定修改《农地法》《农协法》《农业基本法》等一系列法律法规，在粮食增产、农民增收、农业增效等方面起到了良好的促进作用。德国建立了覆盖“联邦政府—州政府—地方政府”全系统的乡村建设法律框架体系，《帝国土地改革法》《土地整理法》等关键性法律法规，有力地促进了土地整合和乡村更新。

2. 重视基础设施建设，打通城乡融合“最后一公里”，促进互联互通

俗话说，“要想富，先修路”。这说明基础设施建设在经济发展中具有重要作用。当然，现代意义上的基础设施不仅仅局限于道路交通等传统方面，而已经涵盖延伸到生产生活、公共服务、信息物流等诸多领域；不仅具备打通城乡内外链接、提供生活便利等简单功能，而且成为农村生产生活生态和农业经济发展的关键支撑；不仅仅能够营造良好的发展环境，还能够有效降低农村经济发展的交易成本，激活人流、物流、信息流和资金流，更重要的是可以吸引人心、增加人气、留住人才，能够为乡村振兴提供活水之源和持续动力。

针对农业农村基础设施投资大、公益性强、回收周期长等特点，美国综合运用信贷担保、补贴等政策工具，由联邦政府和地方政府共同出资建设乡村公路、供气供热、垃圾污水处理等公益、半公益基础设施，由市场投资主体建设农业发展等相关基础设施，为振兴乡村经济提供有力支撑。德国以空间规划布局为先导，突出乡村文化传统和地方特色，重点完善道路交通基础设施、公共基础设施和生活服务设施，将乡村建设更新融入乡村整体发展，真正实现了“城乡等值”。

3. 发展农业新模式新业态，增强整体竞争力，实现产业兴旺

促进农村一二三产业融合发展，实现“三链重构”，需要大力推广功能拓展型、新技术渗透型、多业态复合型等新模式新路径，需要大力培育终端型、体验型、循环型等新产业新业态，需要着力打造农民专业合作社、家庭农场、供销合作社等新载体新平台，需要健全完善股份合作、订单农业等利益联结新纽带新

机制，需要在传统农业中融入加工元素、服务元素、科技元素，形成体现现代农业特色的“微笑曲线”，这样农村发展才有活力、农民增收才有支撑，最终提高农业附加值、农村饱和度及农民获得感（杜洪燕等，2018）。

日本积极改造提升传统农业，大力推广以地方特色产品为基础的“一村一品”发展模式，充分发挥农业协同组织在农业生产、技术和金融等方面的独特优势，先后经历了进行初加工或简单加工的“1.5 次产业”和注重农工商融合发展的“第六产业”两次转型升级，农业产业链条不断延伸，农产品附加值显著提升，农业现代化水平明显提高。美国则用发展工业的理念来发展农业，促进农业生产、加工、销售一体化，实现了农业产业化经营。

4. 转变农业生产经营方式，提高生产效率，实现提质增效

实现农业高质量发展，加快农业农村现代化，要瞄准制约农业生产经营的关键环节、重点领域精准发力，要聚焦深化农业供给侧结构性改革推动农业发展方式转变，要围绕小农户和现代农业有机衔接精准施策，尤其要依靠科技创新完善农业生产体系，进一步拓展生产边界；尤其要依靠资源整合促进规模化发展，进一步增加规模效益；尤其要依靠比较优势促进专业化分工，提高经营效率，这也是破解当前我国农业综合竞争力不强、农民投入回报不高、抗风险能力弱的突破口和着眼点。

美国、德国高度重视提升农业生产效率，但其实现路径既有共性特点，也有个性因素。实现效率提升和规模经济，美国靠的是在粮食生产、作物种植、设施农业等方面的高度机械化，靠的是酶工程、细胞工程等农业生物化学技术的推广应用，靠的是依托资源禀赋进行的玉米带、棉花带等的生产专业化分工；实现效率提升和规模经济，德国靠的是土地合并整合实现的农业规模化、集约化生产，靠的是农业专用机械的大规模使用和农业机械化水平的大幅提高，靠的是以土地规模化和农业机械化为前提形成的农场规模化经营。

5. 加大教育投入，提高农民职业技能，促进农村人才振兴

根据国家统计局的年报，2018 年我国农业（农林牧渔）占国内生产总值（GDP）的比重已经降到 7.2%，农村人口却占 40.42%。无论是壮大农村集体经济，还是促进农村产业融合发展，无论是构建农业产业体系、生产体系和经营体系，还是健全乡村治理体系，都离不开人才，都离不开人才振兴，“人才是第一资源”的重要性更加突出。当前，需要进一步增加农村教育投入，加大农民职业教育、职业培训和专项技能学习扶持力度，同时出台激励政策吸引新乡贤、大学生、退伍军人、农民工等返乡创业就业，打造新时代的新型职业农民队伍，以人才振兴助推乡村振兴（陆献峰，2018）。

美国不断加大农村教育投入，在农业教育领域实施“工读课程计划”，构建农业教育、研究和技术推广相结合的“三位一体”体系，提高农民的职业技能和职业素质。日本积极搭建农协培训中心、农业科技培训中心等农民教育培训平台，实施地域带头人培养战略，重点培养农村产业带头人和接班人，强化对农民的技术培训和生产指导。德国农民中不乏高学历人才，并对农业从业人员设置了一定的门槛要求：农场主和农业企业主需具备从业资格，其他人员则需经过专门的农业技术培训和实习锻炼。

二、我国实施乡村振兴战略需要科技政策和体制机制支撑

自党的十八大以来，以习近平同志为核心的党中央坚持把解决好“三农”问题作为全党工作重中之重，贯彻新发展理念，勇于推动“三农”工作理论创新、实践创新、制度创新，农业农村发展取得了历史性成就、发生了历史性变革，为党和国家事业全面开创新局面提供了有力支撑。农业供给侧结构性改革取得新进展，粮食生产能力跨上新台阶，新型农业经营主体发展壮大，农村新产业新业态蓬勃发展，农业现代化稳步推进，农村居民收入稳步提高，这在很大程度上得益于科技创新驱动内涵式发展。

农业科技整体水平大幅提高，主要科技创新指标跻身世界前列，农业科技进步贡献率达到 57.5%。种植业领域，粮食生产能力达到 6 000 亿 kg，主要农作物良种基本实现全覆盖，良种在粮食增产中的贡献率达到 43%以上。如袁隆平院士团队国际首创两系杂交水稻理论和技术体系，研究与应用世界领先。培育两系法杂交稻新品种 500 多个，累计种植 6 亿亩，总产值 7 000 亿元，增产 130 亿 kg，增收 326 亿元。超级稻品种连续突破亩产育种目标，第 5 期超级稻新品种‘超优 1 000’亩产超过 1 000 kg。畜牧业领域，良种在增产种的贡献率达 35%，畜禽养殖规模化率为 65%，乳品企业 20 强市场占有量超过 50%。如中国农业大学自主开发了奶牛基因组芯片育种技术，与国际先进水平并跑。在全国育种场全面应用，带动了国内奶牛产奶性能的整体提升。培育时间由 6.5 年缩短至 2 年，育种性状测定成本由 10 万元降至 0.3 万元，自主培育良种牛市场占有率由 20%提高到 55%。农机装备领域，主要农作物耕种收综合机械化水平超过 65%，农业物质装备技术水平显著提升。

由于历史欠账较多，当前我国最大的发展不平衡仍然是城乡发展不平衡，最大的发展不充分仍然是农村发展不充分，全面建成小康社会征程上受到发展不平衡和不充分影响最大的群体仍然是农民。面临的突出问题体现在四个

方面。第一,农业产业竞争力不强。农产品与发达国家相比,没有竞争优势,与欠发达国家相比,比较优势逐步丧失,重要农产品的对外依存度较高,产业安全堪忧。第二,资源环境承载能力达到了极限。我国拥有全球7%的耕地,但化肥和农药使用量是全球总量的35%。农业面源污染已经成为环境治理的重点领域。第三,农民增收动力不足。我国农村居民收入虽然稳步提高,但是增幅明显放缓,已经低于GDP增速。实际上,种田的收益是逐年下降的。第四,农产品供求失衡。我国当前粮食高产量、高库存、高进口并存,生产结构不能适应市场的需求结构,其中大豆最为突出。农业发展中的上述问题,集中表现为"三低":土地产出率低,劳动生产率低,资源利用率低。如我国农业劳动生产率仅相当于国内第二产业的12.5%、第三产业的25%左右,发达国家农业的2%。分析原因主要体现在五个方面。第一,创新主体投入不够。以种业为例,国内十大种业企业年销售收入只有孟山都一家的17%,研发投入只有孟山都一家的7.3%。2016年农业十大标志性成果的第一完成单位均为院校,反映农业企业创新能力的薄弱。第二,人力、人才资源不断流失。我国农村人口劳动力流失加剧,老龄化严重。第三,投资、研发投入比例较低。农业研发投入占GDP比例远低于全国平均水平,企业占比约30%,远低于全国75%的水平;农业企业研发投入占全国企业研发总投入和农业研发投入占全国总研发投入均不足5%。农业财政研发投入占全国财政农业总支出比例非常低。第四,原创能力和成果转化弱。我国农业领域科技成果的产业化比例大幅落后于发达国家,农业科技创新体系有待完善,企业创新主体的地位没有得到确立。第五,市场化机制不健全。农技推广体系有待完善,行业补贴政策挤兑创新政策,小农户既不能成为市场主体,也不能承担创新重任。

2013年11月,习近平总书记在山东省考察时强调,要给农业插上科技的翅膀。2017年中央一号文件,以"深入推进农业供给侧结构性改革"为主线,把"强化科技创新驱动,引领现代农业加快发展"单列成章,重点部署农业科技创新工作。习近平总书记强调,实施创新驱动发展战略,就是要推动以科技创新为核心的全面创新。"推进供给侧结构性改革重点是解放和发展社会生产力,提升全要素生产率。"科学技术是第一生产力,解放和发展社会生产力,根本要靠科技进步。推进农业供给侧结构性改革,根本途径是推动农业创新驱动发展。

农业创新驱动发展,就是要通过提高农业科学技术水平(土地产出率、资源利用率和劳动生产率),让农业成为人才、资本青睐的领域,提升资本劳动比,发展社会生产力和提高全要素生产率,"让农业成为有竞争优势的产业"。

农业创新驱动发展，就是要认真贯彻好科学技术是第一生产力、人才是第一资源、创新（要素优化组合）为第一驱动力的要求，充分发挥政府和创新主体的作用，让农业成为资本、人才密集的行业，让农民成为人们向往的职业，让农村成为美丽的宜居之地。

实施乡村振兴战略，必须深化农业供给侧结构性改革和农业科技创新驱动发展，走质量兴农之路。加快推进农业由增产导向转向提质导向，夯实农业生产能力基础，确保国家粮食安全，构建农村一二三产业融合发展体系，积极培育新型农业经营主体，促进小农户和适度规模现代农业发展有机衔接，推进“互联网＋现代农业”，加快构建现代农业产业体系、生产体系、经营体系，不断提高农业创新力、竞争力和全要素生产率，加快实现由农业大国向农业强国转变。

农业是现代化建设的短板，农村是全面建成小康社会的“短腿”。新时代我国社会主要矛盾已转化为人民日益增长的美好生活需求与不平衡不充分的发展之间的矛盾，农业发展要从增产导向转向提质导向。为了解决新矛盾，迫切需要提高土地产出率、劳动生产率和绿色发展水平。但目前，我国农业农村发展总体上还处于要素驱动阶段，实施以科技创新为核心的农业农村创新驱动发展尚存在诸多问题。这些问题表现在：农业科技创新体系不健全，突出表现在创新主体不强，市场化体制不健全；农业科技投入不足，突出表现在总量不足，结构不合理；产业竞争力不强，突出表现在土地产出率、劳动生产率低；绿色发展水平不高，突出表现在化肥农药面源污染严重，环境承载力达到极限；质量效益不高，突出表现在科技供给水平低，增收动力不足，农产品供求失衡；农村要素呈逆向流动，突出表现在人才流失严重，资金要素难进。譬如，2017 年全国高新技术企业 13.6 万家，其中农业高新技术企业仅占 6.3%。2016 年全国高新技术企业营业收入 25.71 万亿元，其中涉农高新技术企业营业收入仅占 5.6%。全国 5 000 多家全国中小企业股份转让系统（简称“全国转股系统”，统称“新三板”）上市企业中仅有农业企业 282 家，占比不足 6%。市场化体制不健全，农技推广体系有待完善。同时，我国仍是“大国小农”，到 2016 年年底，全国小农户数量占农业经营户的 98.1%，小农户既不能成为市场主体，也不能承担创新重任。创新驱动乡村振兴发展的目标是：深化改革，推进市场化进程，促进成果的转移转化；增加投入，提升科学技术研究水平，抢占制高点；培育创新型企业，构建企业为主体的技术创新体系；发展农业高新技术产业，提升农业产业的竞争力；优化环境，引导人才到农村创新创业，培养新型职业农民。

以推进农业供给侧结构性改革为主线，围绕农业增效、农民增收、农村增绿，加强科技创新引领，加快结构调整步伐，加大农村改革力度，提高农业综合效益和竞争力，进一步优化、完善构建支撑实施乡村振兴的科技政策体系。一是立足科技支撑引领作用，谋划实施乡村振兴战略；二是强化农业农村科技创新，加快重大科技成果供给；三是壮大农业高新技术产业，完善现代农业产业体系；四是推动农业科技园区提质增效，培育农业产业集群；五是健全农业农村科技服务体系，带动农民增收致富；六是开展新型乡镇建设，建设升级版美丽乡村。

三、构建实施我国乡村振兴战略的科技政策体系应遵循的原则

构建实施我国乡村振兴战略的科技政策体系，必须以习近平新时代中国特色社会主义思想为指导，以满足人民群众日益增长的美好生活需要和破除城乡发展不平衡、农业农村发展不充分问题为出发点，坚持农业农村优先发展，按照“产业兴旺、生态宜居、乡风文明、治理有效、生活富裕”的总要求，建立健全城乡融合的体制机制，加快实现农业农村现代化。

构建实施乡村振兴战略的科技政策体系，应遵循以下原则。

(1)坚持促进城乡融合发展的基本思想。改变城乡两类制度设计、两种标准安排的政策格局，建立健全城乡融合发展的体制机制，推动城乡统筹规划、产业融合发展、要素合理流动、资源均衡配置、公共服务均等，建立农业农村优先保障的财政政策，为形成以工促农、以城带乡、工农互惠、城乡一体的新型工农关系、城乡关系提供制度保障。

(2)坚持激励与约束相结合的机制设计。坚持激励与约束并重。加强对人才、技术、资金等要素进入农村、留在农村的正向激励和引导；同时，树立底线思维，统筹制定产业准入负面清单、财政支农比例、信贷支农责任、资源环境开发保护底线等约束性措施，加快形成激励有效、约束有力的制度环境。

(3)坚持着力发挥市场作用的政策导向。减少政策对市场机制的干扰，加快农产品价格等市场化改革，加快建立政府撬动社会资源到农村投资兴业的机制，进一步激活资源要素，充分发挥市场在资源配置中的决定性作用和更好发挥政府作用，推动形成城乡统一开放、竞争有序的市场体系。

(4)坚持切实保障农民利益的价值取向。坚持以人民为中心的发展思想，把增进农民福祉、促进人的全面发展作为出发点和落脚点，加快调整国民收入

分配格局，构建农民收入稳定增长机制，增强农民自我发展能力，保障农民平等参与、平等发展的权利，实现好、维护好、发展好广大农民根本利益，保障农民共享发展成果。

(5)坚持调动各方积极参与的制度安排。始终将农民作为农业农村发展的主体，尊重农民，依靠农民，造福农民，激发内生动力。同时，要完善组织机制，充分发挥市场主体、社会组织和各界的作用，推动形成多方力量参与、多种形式推进的良好局面，凝聚实施乡村振兴战略的强大合力。

农业质量效益不高，突出表现在科技供给水平低，增收动力不足，农产品供求失衡。我国农业领域科技成果大部分还处于实验室阶段和中试阶段。创新驱动乡村振兴发展要深化改革，推进市场化进程，促进成果的转移转化；增加投入，提升科学技术研究水平，抢占制高点；培育创新型企业，构建以企业为主体的技术创新体系；发展农业高新技术产业，提升农业产业竞争力；优化环境，引导人才到农村创新创业，培养新型职业农民。力争到 2020 年，农业科技进步贡献率达到 60%以上，科技支撑乡村振兴的制度框架和政策体系基本形成。

四、我国乡村振兴战略的科技政策重点领域

2019 年中央一号文件明确指出，强化创新驱动发展，实施农业关键核心技术攻关行动，培育一批农业战略科技创新力量，推动生物种业、重型农机、智慧农业、绿色投入品等领域自主创新。建设农业领域国家重点实验室等科技创新平台基地，打造产学研深度融合平台，加强国家现代农业产业技术体系、科技创新联盟、产业创新中心、高新技术产业示范区、科技园区等建设。强化企业技术创新主体地位，培育农业科技创新型企业，支持符合条件的企业牵头实施技术创新项目。继续组织实施水稻、小麦、玉米、大豆和畜禽良种联合攻关，加快选育和推广优质草种。支持薄弱环节适用农机研发，促进农机装备产业转型升级，加快推进农业机械化。加强农业领域知识产权创造与应用。上述工作的开展需要构建、完善和优化我国乡村振兴战略的科技政策和体制机制。

1. *激励农业农村绿色发展的科技创新政策*

生态环境是关系民生的重大社会问题。广大人民群众热切期盼加快提高生态环境质量。2018 年 5 月 18 日至 19 日，全国生态环境保护大会在北京召开。习近平总书记在全国生态环境保护大会上强调："要把解决突出生态环境问题作为民生优先领域。"

2018年7月，农业农村部印发了《农业绿色发展技术导则（2018—2030年）》，农业绿色发展对农业科技创新提出了新要求。要认真学习贯彻习近平总书记关于推进农业绿色发展的重要指示，贯彻落实党的十九大精神和中共中央办公厅、国务院办公厅《关于创新体制机制推进农业绿色发展的意见》，适应农业发展新阶段和人民群众对美好生活的新期待，把农业绿色发展摆在更加突出的位置，把绿色发展理念和技术手段、标准贯穿农业生产发展的方方面面。要突出农业科研的绿色导向，把农业科技创新的方向和重点转到低耗、生态、节本、安全、优质、循环等绿色技术上来，加强技术研发集成，深入推进落实，为农业绿色发展提供技术支撑。要突出问题导向，加强体制机制创新，完善激励监管措施，各方面协同推进，不断提升农业绿色发展的科技水平。

当前，我国农村人居环境状况很不平衡，“脏乱差”问题在一些地区还比较突出，与全面建成小康社会要求和农民群众期盼还有较大差距。为加快推进农村人居环境整治，要加强农业面源污染治理，推进农业清洁生产，深入开展化肥、农药零增长行动，加大畜禽养殖废弃物和农作物秸秆综合利用力度；加快农村环境综合整治，实施生活污水处理、生活垃圾处理、饮用水源地保护专项工程；推进美丽乡村建设，加强村域规划管理，开展农房及院落风貌整治和村庄绿化美化活动；推进农村地区分散布局的工业企业向工业园区集中。习近平总书记指出：“要持续开展农村人居环境整治行动，打造美丽乡村，为老百姓留住鸟语花香田园风光。”通过加快构建生态文明体系，确保到2035年，生态环境质量实现根本好转，美丽中国目标基本实现。到21世纪中叶，物质文明、政治文明、精神文明、社会文明、生态文明全面提升，绿色发展方式和生活方式全面形成，人与自然和谐共生，生态环境领域国家治理体系和治理能力现代化全面实现，建成美丽中国。

（1）坚持绿色生态导向，推动农业农村可持续发展。习近平总书记在中央全面深化改革领导小组会议审议农业绿色发展的文件时指出，推进农业绿色发展是农业发展观的一场深刻革命。“绿水青山就是金山银山”；良好生态环境是农村最大优势和宝贵财富，要让良好生态成为乡村振兴的支撑点；农业发展不仅要杜绝生态环境欠新账，而且要逐步还旧账。实施乡村振兴战略，必须以绿色发展为引领。农村不是简单地提供农产品，而是要坚持人与自然和谐共生，增加农业生态产品和服务供给，让绿水青山与金山银山有机统一，走乡村绿色发展之路。应做到“三个绿色”：构建绿色发展的农业产业结构，增加优质绿色农产品供给；强化绿色发展的科技支撑，依靠科技引领推进农业转型升级；健全绿色发展的政策支持体系，建立促进农业绿色发展的补贴政策体系。

(2)坚持绿色导向,提高农业可持续发展水平,应积极发展资源节约型、环境友好型农业。开展产地环境清洁行动,继续扩大有机肥替代化肥和绿色防控试点,加快推进畜禽粪污等农业废弃物资源化利用,继续推进农作物秸秆综合利用和农膜回收试点。实施国家农业节水行动,强化草原生态、水生态保护。健全农业绿色发展制度体系,完善农业绿色发展体制机制,构建农业产业准入负面清单、资源台账等制度。加快建设国家农业可持续发展试验示范区。实施农村人居环境整治三年行动,推进农村垃圾处理、粪便处理、污水治理、河塘清淤、村容村貌提升,开展厕所革命和农村绿化、美化、亮化工程。

(3)绿色发展根本要靠科技,构建绿色发展技术体系,是农业科技创新的一场深刻革命。习近平总书记强调,推进农业供给侧结构性改革,要把增加绿色优质农产品供给放在突出位置。围绕这一目标,我们必须按照"要素投入精准环保、生产技术集约高效、产业模式生态循环、质量标准规范完备"的要求,重构高效、安全、低碳、循环的农业绿色发展技术体系,切实提高我国农业的质量、效益和竞争力。构建以绿色发展为导向的技术体系,主要包括科技创新、推广应用、监测预警与风险评估、绿色指标规范四个方面。一是以问题为导向,大力开展科技创新。夯实理论基础,力争在土壤演变规律、资源高效利用机制、生态循环农业机理等基础研究方面实现突破,提高我国农业绿色发展科技原始创新水平。突破关键技术,力争在污染物迁移富集转化方式、未知污染物非定向筛查识别等环境监测核心关键技术领域实现突破,加快提升绿色技术自主创新能力和环境监测能力。构建解决方案,力争在东北黑土地保育、华北节水保粮、西北旱区生态循环发展等区域农业发展方面,实现技术集成突破,研究提出适应不同区域的绿色技术综合解决方案。二是以应用为目的,不断加快绿色技术成果推广。集成绿色技术模式,着力推动绿色技术模式构建,因地制宜加强良种良法配套、农机农艺结合、生产生态协同,更加注重低碳环保、节本增效。重点推广绿色技术,制定重点领域绿色品种、技术和装备推广方案。搭建"互联网+绿色农业"信息化服务平台,广泛传播绿色农业技术。培育新型农业经营主体,强化引导培养新型职业农民、专业合作社等新型农业经营主体的绿色发展意识和绿色生产技能、经营水平和创业能力。大力推广绿色生产方式,建立绿色生产规范。三是以安全为基础,不断强化监测预警与风险评估。强化信息共享,以"互联网+"为抓手,通过大数据、云计算、移动通信等信息技术,构建全国绿色农产品质量安全信息交流平台,完善监测和评估信息的报送、通报制度,实现农产品质量安全信息共享。强化风险评估,加速推动农产品质量安全风险评估技术持续升级,实现对积累性半衰期长的物质进行风险评估，探索建立上游产地环境、中游健康种养与下游消费健康的关联关系。优化监测体系。充分利用现有安全监测和风险评估平台资源，形成分工明确、定位清晰的农产品质量安全检验检测网络。实现安全检验检测范围覆盖产地环境、投入品、农产品及其生产全过程。四是以标准为引领，建立健全绿色指标和技术规范。首先，建立绿色标签制度，按照统一目录、统一标准、统一评价、统一标识的方针，将现有标准整合为绿色标签，建立系统科学权威统一的绿色标签的标准、认证、标识体系。其次，完善国家标准体系，加快制定农业绿色发展国家标准，制定行业标准规范，实现绿色农产品生产有标可依。最后，制定标准生产规程，支持地方加强标准集成转化，制定与绿色农业国家标准、行业标准相配套的生产操作规程。

(4)以绿色发展引领乡村振兴，制定科技政策要突出四个重点。一是治理农业生态突出问题。大力推行农业清洁生产方式，切实做到该减的减下来，该退的退出来，该治理的治理到位。同时，要对症下药、综合施治，继续加大对水土流失区、地下水漏斗区、土壤重金属污染区的治理力度，分类有序退出超载的边际产能。二是加大农村生态保护和修复力度。把山水林田湖草作为一个整体来研究系统养护修复的有效措施，包括健全耕地草原森林河湖休养生息制度、进一步完善轮作休耕制度等。要继续把农业节水作为方向性、战略性大事来抓，大规模实施农业节水工程，推进农业水价综合改革，加快建立农业合理水价形成机制和节水激励机制。三是建立健全生态效益补偿机制。对于环境污染的治理，不但要坚持不欠“新账”，还应考虑如何逐步还上“旧账”。构建以绿色生态为导向的政策支持体系，让保护环境不吃亏，农民能得到实实在在的利益。四是以更大力度推动农村人居环境整治和美丽宜居乡村建设。要整合资源，锁定目标，确定标准，力争到2020年全面建成小康社会时，农村“脏乱差”的面貌得到根本改变，给农民一个干净整洁的生活环境。

2. 农业财政补贴增量支持科技研发、成果转化和创新服务政策

(1)建立健全农业农村优先、稳定保障的财政政策。实施乡村振兴战略，显著缩小城乡差距，在财政安排上必须优先向农业农村倾斜。资金来源要立足三个渠道。一是确立“两优先一高于”原则，即中央财政支出优先保障农业农村，中央预算内投资优先向农业农村倾斜，地方各级财政对农业投入增幅高于经常性收入增幅，并通过加快完善立法予以明确，做到农业农村投入稳定增长制度化、法定化。加快推进各类涉农资金整合，推广“大专项＋项目清单”管理方式，强化县级政府的主导作用，按照目标、任务、责任、资金“四到县”原则，允许县级政府在“大专项”内因地制宜统筹使用。

(2)针对农业科研基础性、公益性、社会性和长期性的特点,进一步提升中央和地方财政,尤其是增量财政资金对农业科技的倾斜强度。重点健全绿色发展方式补贴。推动建立投入品减量高效使用补贴、节本增效生产技术补贴、生态循环模式补贴、农业废弃物资源化利用终端产品补贴机制,推进投入品减量化、生产过程清洁化、废弃物处理资源化、生产模式循环化。

(3)推进科研成果转化,促进农业供给侧结构性改革,有关增量财政资金给予重点支持。深化农业供给侧结构性改革,实现更高水平的农业提质增效。农民增收离不开科技的参与和支撑,推进科技成果转化是农业供给侧结构性改革的迫切要求。近年来,我国对农业科技创新的财政投入力度不断加大,农业科研成果稳步增长,但由于体制机制等方面的原因,一些科研成果被束之高阁,得不到很好的转化和推广应用,浪费了许多科技资源。这充分说明科技成果转化的空间非常大,任务艰巨。实施乡村振兴战略要打破这种科学研究与生产实际相脱节,科技与农业产业结合不够紧密的僵局。因此,当前农业科研部门要把农业科技成果转化作为一项重要任务,抓好抓实抓出成效。要大力提倡科技协作,以国家农业科技创新联盟为平台,开展科技攻关,尽快研究出服务"三农"的科研成果;搭建科技成果转化的平台,组织科研院所与新型农业经营主体如农事企业、家庭农场合作,建立农业科技成果转化交易网络。农业科研院所也要积极建设一支高素质的科技转化队伍。由于科技成果转化工作本身就是一个系统工程,要培养一批善于开展成果转化工作的复合型人才队伍,从事科技成果转化工作。

(4)进一步优化农业专项补贴制度。以农机购置补贴科技政策为例。农机购置补贴是党中央国务院重要的强农惠农富农政策之一,自 2004 年出台以来,支持强度持续加大,惠及范围不断扩大。特别是党的十八大以来的 5 年,中央财政累计安排农机购置补贴资金 1 116 亿元,为 2004 年补贴政策实施以来资金总量的 60%;补贴购置各类农机具 1 840 多万台(套),是 14 年累计总数的 45%,大幅提升了农业物质技术装备水平,有力推动了现代农业建设,取得了利农助工的显著成效,推动了农业生产方式的历史性转变,带动了农机工业成长壮大,促进了农业生产性服务业加快发展。2016 年,在财政部组织的第三方绩效考核中,农机购置补贴获"政策实现度高"最高等级评价。2017 年 11 月 7 日,汪洋副总理主持召开加快推进农机装备产业转型升级有关问题专题会议,对补贴政策实施成效予以充分肯定。农机购置补贴是目前促进农业机械化发展的最直接、最主要手段。引导推动新时期农业机械化转型升级,破解农业机械化发展中不平衡、不充分的矛盾,是当前和今后一个时期农机购置补贴工作的方向与重要任务。面对新时期、新要求，我们应当有新的担当，特别是对农机购置补贴实施工作中存在的主要矛盾和问题，需要很好地加快解决。第一，补贴机具有效供给不足的问题。第二，补贴机具分档定补办法不够精准的问题。第三，补贴资金使用管理机制有待进一步完善的问题。第四，部分操作环节上存在"痛点"的问题。要切实增强责任感、使命感，按照"调整、完善、提高"的要求，坚持成功经验，锐意改革创新，全力完善提高，充分发挥农机购置补贴在推进农业机械化转型升级中的重要作用。

3. 稳定支持提升农业科技原始创新能力的政策

我国农业农村科技供给水平低，特别是原始创新能力与发达国家相比存在较大差距，总体上处于少量领跑、大部分并行和跟跑的格局。

习近平总书记在给中国农业科学院建院 60 周年的贺信中指出："农业科研要面向世界农业科技前沿、面向国家重大需求、面向现代农业建设主战场，加快建设世界一流学科和一流科研院所，勇攀高峰，率先跨越，推动我国农业科技整体跃升。""三个面向，两个一流，一个整体跃升"的重要指示明确了新时代农业科技工作奋斗的目标和前进的方向。

我国人均 GDP 已突破 8 000 美元，在居民消费结构升级背景下，部分农产品供求结构性失衡的问题日益凸显。因此，迫切需要加强农业科技创新，围绕支撑引领乡村振兴实现质量发展、绿色发展、融合发展、创新发展，重点突破重大前沿颠覆性技术，攻克核心关键技术，转化科技创新成果，集成农业绿色发展模式，打造乡村振兴科技示范县（乡）。重点加强科技创新引领，突出前沿颠覆性技术、核心关键技术、现代工程技术等创新，引领农业转型发展；加强科技成果转化，支撑精准扶贫、精准脱贫和农业农村现代化发展；加强科技引领示范，以产业振兴、农民稳定增收、资源环境保护修复、农村社会可持续为核心内容，强化技术模式集成；加强创新能力建设，建设一支"一懂两爱"（懂农业、爱农村、爱农民）的农业科研队伍，加强高端科技人才培养和新型经营主体培训，谋划推出一批重大农业科技基础设施。

（1）研判农业科技原始创新研究领域，明确稳定支持科研方向。2018 年 5 月 27 日，中国科协副主席、国际宇航科学院院士李洪在第 20 届中国科学技术协会（以下简称"中国科协"）年会闭幕式上对外发布，由中国科协组织征集遴选的 60 个重大科学问题和重大工程技术难题，涉及公共安全、空天科技、信息科技、医学健康等 12 个领域。此次征集共有 76 家全国学会、学会联合体参与，700 多位科技工作者参与撰写，1 142 位专家学者参与推荐，2 142 名科研一线科学家参与初选，54 名学科领军专家参与复选，33 名院士参与终选。其中，在农业科技领域，入选了3个难题，重点集中在绿色农药、有机废弃物生物转化、植物生长发育调控方面。科技创新的前提是提出有价值的科学问题，为研判未来科技发展的趋势，抓准科技创新突破口，前瞻谋划战略制高点，布局前沿科技领域，推进世界科技强国建设，中国科协组织所属全国学会及学会联合体面向广大科技工作者开展的科学问题和难题征集活动具有重要意义。

(2)设立重大、重点科技项目，稳定支持农业科技原始创新。国家专项财政资金应通过重大、重点科技项目持续稳定加大对农业科技原始创新能力的支持，包括在种业自主创新、营养与健康、水土资源高效利用、农业废弃物资源化、智能农业装备技术研发等有关实施乡村振兴战略的关键领域。近年来，聚焦乡村振兴的重大科技需求，科学技术部深入开展藏粮于地、藏粮于技战略，启动1个工程——种业自主创新工程，实施七大农作物育种、粮食丰产增效等8个重点研发计划专项，部署绿色宜居村镇、蓝色粮仓、主要经济作物提质增效3个重点专项，不断完善“1＋8＋3＋N”的研发布局，积极拓展研发一批重大研发项目，抢占农业科技创新战略制高点。重点科技专项的实施，有效提高了基础研究和转化应用水平。国家重点研发计划强调全链条设计、一体化实施，以重大战略任务为纽带，实现优势创新资源集聚。全面提升农业科技创新能力，不只在于顶层项目设计研发，更要形成创新示范，带动越来越多的农民参与到创业创新中。加强研发部署，抢占农业科技创新战略制高点至关重要；围绕农业农村发展重大瓶颈制约问题和科技工作部署，进一步加强农业农村科技领域的总体部署，改进项目形成机制，构筑先发优势。

(3)稳定支持农业科技创新基地建设，形成农业科技国家战略力量。加快农业科技领域国家科技创新基地优化整合，面向国家长远发展和全球竞争，聚焦产业发展导向的基础研究，在农业农村领域优化布局一批战略定位高端、组织运行开放、创新资源集聚的科技创新基地与平台，如谋划建设若干国家实验室、若干国家重点实验室、若干技术创新中心等。

(4)稳定支持农业科技人才培养，持续推进农业科技原始创新。利用好科技人才尤其是农林科技人才优势，大力进行科技创新，提升农村产业发展。一是吸引农林科研院所和农林高新技术企业到农村建设科技科研实验示范基地。建立科研科技实验示范基地，既能充分有效地利用宝贵的农林用地资源，也能提高农民收入、农村集体收入，还能促进当地农民就业，改善当地生态环境和人文环境。二是吸引科技类和人文类人才、企业，在农村打造特色产业聚集地。实施乡村振兴战略，发展产业是根本。而发展产业离不开人才和企业。要想吸引人才和企业聚集，必须提供良好的、宽松的环境，重点扶持龙头企业，发挥其引领和带动作用。三是用科技创新改造农业和农村。

（5）加强基地、项目、人才建设的联动，打造基础研究和工程化两大战略科技力量，持续提升农业科技原始创新能力。

4. 进一步优化促进科研激励的政策

大力实施科技人才战略，建设一批新时代“三农”科研队伍。人才建设是一项系统复杂的工程，长效机制是人才建设的根本保证。要坚持整合资源、借力统筹、多管齐下、多措并举，建立完善人才引进、使用、奖惩、激励硬机制、硬措施。围绕激发农业科研人员的创新发展内生动力，打造一个风清气正、积极向上的科研环境。

（1）建立健全农村人才激励政策。实施乡村振兴战略，关键是人才队伍振兴。吸引人才、挖掘人才、留住人才，必须加快健全农村人才激励政策。建立农业科技人员激励机制。深化农业科研成果权益改革，允许科研人员通过持股、兼职开展科技服务，充分调动农业科技人员积极性。建立新型职业农民培养制度。构建教育培训、规范管理、政府扶持“三位一体”制度体系，注重在新型职业农民的基础上培育新型主体，逐步把新型职业农民打造成为懂经营、善管理、有素质的农业农村现代化主体力量。建立乡土专家认定评价制度。对于有一技之长的土专家、田秀才、能工巧匠等农村能人，建立认定评价制度，通过对其能力上认可、经济上鼓励、社会上宣传等方式，激发他们示范带动农民的主动意识和社会责任。建立社会人才到农村创业创新激励机制。要制定优惠政策吸引人才，打造创业平台承载人才。通过财政扶持、用地保障、税费减免、风险补偿等优惠政策，吸引社会人才向农村流动。建立农村创业创新平台（基地），为农村创业创新提供良好环境和服务保障。

（2）实施乡村振兴科技创新战略，改革创新“政产学研”合作基地与科技成果转化收益分配奖励机制。一方面，以农业科技园区为载体，鼓励大学教师深入农业第一线、农业科技园区工作，采取工作量减免、编制保留、岗位考核、职称聘任、资金资源支持等多方鼓励与激励机制，加强产、学、研结合，把科技园建成高新技术企业的孵化器和技术创新基地，依托一个实体、围绕一个产业、开发一个成果。另一方面，充分调动科技人员的积极性，赋予高等学校、科研院所科技成果转化自主权，所获收益留归本单位，不再经主管部门审批或备案。赋予成果完成人（团队）成果转化处置权。同时，加大分红奖励力度，重奖有突出贡献的科技人才，并给予优惠政策。

（3）推进科技体制改革，放活科技人员和科技成果，健全种业等领域科研人员以知识产权明晰为基础、以知识价值为导向的分配政策。

(4)推广财政补助资金股权化改革，形成农民可持续收益。实施乡村振兴战略，实现农民富裕是重要目标。完善农民增收支持政策，要把培育农民增收长效机制与短期稳定机制结合起来，为新旧动能转换提供政策支撑。

5. 促进涉农知识产权共享的机制和政策

建立涉农知识产权共享机制和政策，对于融通产业链关键环节，促进科技成果转移转化具有重要意义。

(1)科企联姻，产权共享，促进成果转化。成果转化不够，科企有待联姻。长期以来，由于没有很好地建立科研单位与农业企业、生产基地、农户的工作对接机制，一方面，高校科研机构研发的科技成果往往被关在院所、实验室“睡觉”，而农业企业、生产基地、农户又得不到所需要的技术。实施科企联姻有利于促进成果转化，缓解这一尴尬。建立科研成果与人才评价激励机制。职称评定晋升，将成果、发展与农民增收挂钩，推行“一个团队、一个技术、一个产业、一个品牌、一个成果”农技推广体系，实行创新、研发、展示、生产、营销、市场“一体化”的推广体制，将科研成果与土地的有效利用相结合，形成农技推广活力。另一方面，增强农技科研机构的“造血”功能。允许鼓励科研院所兴办涉农惠农经济实体，并给予税收减免、返还和利润自留上的优惠优待政策，以积累科研经费，带动农业科技发展。

(2)创建一批乡村振兴科技示范典型，不断提升科技成果转化和服务区域发展水平。进一步提升科技服务市场化和科技成果产业化水平，促进区域产业集群形成，实现科技服务业与农业产业互动发展。针对重大产业发展瓶颈问题和区域农业绿色技术发展需求，积极争取各级政府和地方农业科研机构共同投入，探索联合攻关模式，提高科技资源共享利用效率和协同创新合力，加快支撑乡村振兴的科技创新步伐。要在进一步完善乡村振兴科技支撑的基础上，尽快启动乡村振兴科技示范行动，采取“整合资源、强化协同、示范引导、跟进考核”的工作机制，有效对接科技创新，丰富提升国家农业科技创新联盟和现代农业产业技术体系的协同攻关模式，选择一批有代表性的乡村作为试点，重点转化一批有针对性的科技创新成果，打造一批乡村振兴科技示范典型，为乡村振兴战略的实施，提供强有力的科技支撑。

(3)实施品牌乡村科技工程，构建农业大数据平台。以持续科技创新、技术转移转化为支撑，统一区域品牌形象，强化品牌组织，形成品牌体系，保护知识产权，避免恶性竞争，逐步将农业技术、农特产品、农业品牌也纳入其中。构建农业大数据平台，切实加强涉农知识产权信息发布和共享，促进全产业协同发展，分享科技创新和乡村振兴红利。

6. 进一步推动实施农业农村创新创业的机制和政策

实施乡村振兴战略，必须大力推进体制机制创新，强化乡村振兴制度性供给。要以完善产权制度和要素市场化配置为重点，激活主体、激活要素、激活市场，着力增强改革的系统性、整体性、协同性。由于我国农业发展面临人多地少的问题，要做强农业，就必须推进农业由增产导向转向提质导向，充分发挥比较优势，坚持质量兴农。

(1)以管理创新推动农业科技创新，深化农业科技体制机制改革。按照事业单位分类改革要求，充分考虑农业科技"公益"特性，以"三个面向"为指导，优化农业科研机构改革方案，加快建立现代农业科研院所制度。进一步明确中央、省级、地市级农业科研机构的功能定位，克服科研力量分散、重复问题。

(2)推进改革创新，构建国家农业农村科技创新体系。探索建立符合农业农村科技发展规律、各类农业农村科技创新主体协调互动和创新元素高效配置的国家农业农村科技创新体系，强化乡村振兴的科技制度性供给。培养符合现代农业农村发展要求的创新主体，布局全链条协同的创新基地，构建加速科技成果转化应用的农业科技服务体系，完善适应农业农村科技创新规律的保障制度，营造良好的农业农村科技创新生态，形成创新要素向农业农村聚集的新局面。

(3)适应农业供给侧结构性改革和高质量发展要求，加快调整农业科技创新方向、重点和布局，突出研发节本降耗、绿色环保技术。深化农业科技体制改革，推进科技人员分类评价和科技成果权益改革，持续推进基层农技推广体系改革。强化现代要素集成推广应用，深入实施现代种业提升工程，推进主要农作物生产全程机械化，培育壮大农业高新技术企业，促进新技术推广运用和信息技术融入农业。加快推进农业信息化建设，编制实施数字农业农村中长期战略规划，开展农产品电子商务出村工程，深入推进电子商务进农村综合示范。

(4)建立一批现代农业产业科技创新中心，统筹不同渠道资源，引导和资助科技创新团队开展重点攻关、持续研究。建立乡村振兴科技服务中心；以政府为主导，以企业为主体，打造一站式、全托管科技生产和服务中心，真正解决谁来振兴乡村、如何振兴乡村的问题。

(5)加强农村科技服务体系建设，促进"三农"发展深化农村供给侧结构性改革。当前农村科技服务存在管理体制不顺、体系建设不力、专业队伍不稳和成果转化不够等主要问题，建议加强农业农村创新创业、农村科技服务体系建设。一是管理体制不顺，资源有待整合。乡镇机构改革后，农技、农机、水利

“三合一”整合为农业服务中心，人财物归属乡镇，上级有关业务指导部门缺乏直接调控手段，难以实施有效管理，因而造成原有技术传播链条中断。上级主管部门许多工作难布置、难落实，农技推广工作上下不畅，严重脱节，未形成合力；服务主体缺位，农技推广的普及率、到位率不够，农技服务作用不能充分发挥。通过整合资源，理顺管理体制。进一步完善以政府为主导的农村科技服务管理体制，明确各级以政府分管领导亲自抓的农村科技服务职能；组建各级业务部门垂直体系；构建各级农业技术推广服务中心垂直体系。理顺农技推广管理体制。对各级农业技术推广服务中心的人员实行“上对下”的“垂直式”管理，组织人事关系在同级单位，业务工作归口在上级相关部门。二是体系建设不力，服务有待联动。机构改革后，各级农技服务机构不统一，农技人员归属不一。省级与区县与乡镇与村社没有建立起有效的服务体系，这与计划经济时期的农技服务体系建设不同。因而省级、区县与乡镇服务体系不垂直，难以形成有效的合力，村社根本没有建立农技服务相关工作内容。通过联动服务，创新服务体系，进一步明确公益、经营性职能。明确将农村科技服务体系建设的公益性性质定位，在各级机构设立、人员编制、设施设备、资金投入等方面，与教育和医卫一样纳入公益性事业计划、安排、管理；明确农业事业单位的“半拨款”与“半经营”性职能；明确涉农部门的经营性服务职能。进一步鼓励发展农业经济合作组织、鼓励支持扶持发展多种经济成分的农业经济组织，加速发展农村专业合作社、农业龙头企业，鼓励城市工商企业下乡兴办涉农企业，带动农民增收致富。三是专业队伍不稳，人才有待培养。农技服务专业技术人员严重不足，并逐年减少；农技人员“在编不在岗”，乡镇挪用人才严重。由于历史的原因和体改转制的因素，乡镇农技部门在岗的大多数人员被安监、维稳、信访等当前“中心工作”部门借用。留在乡镇农技部门的人员大多数干农非学农，学农非干农；多年未进人，人员年龄和知识老化；长期干农应用型、适用型的“土专家”无职称，也考不起现时标准的职称等。通过培养人才，稳定专业队伍。鼓励支持城市人力资源下乡，鼓励大中专毕业生、返乡农民工、城乡退伍军人、城市离退休人员、城市失业人员等城市人力资源，下乡兴办涉农企业，以带动培养新型农民。实行“校县联姻”“院乡结对”办法。鼓励实行“区县＋高校、乡镇＋院系”的办法，鼓励涉农院校师生对农村进行对应帮扶，利用教学、实习和寒暑假社会实践等活动，定点、定时、定人、定项目进行科技扶贫，送技术下乡。

(6)实施人才战略，建设新型职业农民队伍。落实好国办《关于深入推行科技特派员制度的若干意见》的精神，加强科技特派员队伍建设，培育创新驱动乡村振兴发展的先锋队。深入推行科技特派员制度，培育发展新型农业经营和服务主体，健全农业社会化科技服务体系。加快“星创天地”等平台载体建设，营造科技人员逆向流动的专业化、社会化、便捷化氛围和环境，激励科技特派员、大学生、返乡农民工、乡土人才等创新创业。加强职业农民的培训，打造“农民技术职称”品牌，提升农民职业技能，培育一批有文化、懂技术、会经营、善管理的高素质新型职业农民。加强农业科技型企业培育和农业科技型企业家培育工作。实施乡村就业创业促进行动，大力发展科技等乡村特色产业，振兴传统工艺，高标准创建农村双创示范园区（基地），开展农垦特色农场创建。鼓励支持各类返乡下乡人员到农村发展分享农场、共享农庄、创意农业、特色文化产业。

（7）农业保险是现代农业发展的稳定器和助推器。从发达农业国家实践看，农业保险政策不仅是重大的产业和经济政策，也是重要的社会和政治政策，受到越来越多国家重视，应该成为下一步支持的重点。在农业保险政策框架下，应加快建立以政策性保险为基础、互助性保险和商业性保险为补充，功能互补、保障有力的农业保险政策体系。首先，政策性保险立足于保成本。持续推进粮食等重要农产品保险增品、扩面、提标，积极推进价格保险、收入保险试点，加快建立再保险机制，中央财政通过奖补的办法鼓励地方建立特色优势农产品保险制度。其次，互助性保险立足于防灾难。以渔业船舶、农机具为重点，积极开展互助保险，财政予以适当保费补助。最后，商业性保险立足于保收益。以满足多元化需求为主线，以保较高收益为目标，探索推进农业商业保险。发挥保险担保增信功能。通过提供保费补贴、利息补贴和风险补偿，支持推广“政银保”等保险增信模式。

（8）搭建“智慧乡村”和绿色金融平台。以乡村大数据为基础，充分利用互联网、物联、区块链等手段，紧紧围绕乡村产业和乡村生活，实现“智慧乡村”链接“智慧城市”。以普惠和公益理念创新金融服务模式，大力弘扬绿色金融、生态金融、共生金融理念，实现金融服务对乡村产业、乡村生活全覆盖。

7. 优化农业科技创新评价的机制和政策

优化农业科技创新评价的机制和政策，对于激发科技创新活力，促进产学研协同、成果转化和乡村振兴具有重要的现实意义。

（1）建立健全农业农村优先发展、促进农业科技创新的考核评价制度。落实农业农村优先发展战略思想，必须强化考核评价的目标导向。强化各级政府主体责任。把农业农村优先发展列入国民经济和社会发展计划，作为各级政府的硬约束，切实摆上位置，落到实处。加强重要指标考核。把科技创新、成果转化、财政支农投入增幅、粮食产能、缩小城乡居民收入差距、耕地保护、生态环境等体现农业农村优先发展的指标列入政府绩效考核。

(2)农业科技创新评价应注重一体化、全链条、对产业发展贡献导向，并实行分类评价。科技创新与生产脱节、与市场结合不紧密，部分成果难以转化为生产力，是当前农业科研机构普遍面临的难题。而通过创建品牌产品，科研机构可以直接参与产品的商业化过程，及时掌握市场需求动态变化，快速发现提炼新的生产问题，并围绕满足需求和解决问题，指导科技人员调整创新方向、明晰研究重点，优化资源配置，更好地推动科技创新与生产应用的对接融合。例如，江苏省农业科学院启动“苏农科”品牌产品打造，以期通过全程参与品种、技术的商业化过程，探索技术成果熟化转化的新思路、新途径。品牌产品的打造也有利于展示和维护科研单位技术成果的先进性和引领性，扩大其社会知名度和影响力；同时也实现了多部门从基础研究到推广应用多重价值。

8. 关于现行《中华人民共和国农业技术推广法》的修订建议

《中华人民共和国农业技术推广法》经 1993 年 7 月 2 日第八届全国人大常委会第二次会议通过；根据 2012 年 8 月 31 日第十一届全国人大常委会第二十八次会议通过的《关于修改〈中华人民共和国农业技术推广法〉的决定》修正。该法分总则、农业技术推广体系、农业技术的推广与应用、农业技术推广的保障措施、法律责任、附则 6 章，共 39 条。进入新时代，为了适应新需求、解决新矛盾，迫切需要提高土地产出率、劳动生产率和绿色发展水平，但目前，我国农业农村发展总体上还处于要素驱动阶段，实施以科技创新为核心的农业农村创新驱动发展尚存在诸多问题。数据显示，2017 年全国高新技术企业 13.6 万家，其中农业高新技术企业仅占 6.3%。2016 年全国高新技术企业营收 25.7 万亿元，其中涉农高新技术企业营收仅占 5.6%。全国 5 000 多家“新三板”上市企业中仅有农业企业 282 家，占比不足 6%。农业科技创新体系不健全，突出表现在创新主体不强，市场化体制薄弱等环节。“一主”活力不足，“多元”尚未形成，农技推广体系还有待完善。“大国小农”仍是我国的基本国情农情。到 2016 年年底，全国小农户数量占农业经营户的 98.1%。小农户既不能成为市场主体，也不能承担创新重任。农业技术推广也呈现出了新的时代特征，修订现行《中华人民共和国农业技术推广法》是题中应有之义。

(1)以创新驱动乡村振兴发展，基础在县域，难点也在县域。强化县域创新意识，是打造地方经济社会发展新引擎、培育发展新动能的重要举措，也是加快实现创新驱动发展、建设创新型国家的根基和重要支撑。调动县域创新活力，关键是将科学技术和资源点对点落地。县域创新的重心在基层，必须加强基层科技管理队伍建设，推进高等院校新农村发展研究院落户，鼓励创办领办科技型企业和专业合作社、专业技术协会，加强以现代种业为引领的新品种技术成果供给，加大先进适用技术的推广应用力度。建立健全农业科研成果产权制度，赋予科研人员科技成果所有权，完善人才评价和流动保障机制，落实兼职兼薪、成果权益分配政策。发挥科技特派员的引领作用，定点、定向带动农民创新创业，培育贫困村创业致富带头人。

（2）实施农业技术推广，需要加强政府引导、全员参与、协同推进、机制保障。为深入贯彻中央农村工作会议、中央一号文件和全国农业工作会议精神，加快农业先进适用技术推广应用，助力农业由增产导向转向提质导向，加快推进农业农村现代化，农业农村部办公厅下发《关于推介发布 2018 年农业主推技术的通知》，农业农村部组织遴选了 70 项农业主推技术，各省农业部门应结合农业农村部发布的农业主推技术、地方主导产业发展要求和农业生产经营者技术需求，遴选推介地方农业主推技术。依托国家现代农业产业技术体系和基层农技推广体系等，发挥试验示范基地、科技示范主体等的示范展示和引领带动作用，组织专家、农技人员开展技术指导和集中培训，引导广大农户科学应用农业先进适用技术，促进技术快速进村入户，加快先进实用技术集成创新与推广应用，为实施乡村振兴战略、推进农业转型升级提供有力的科技支撑。

（3）实施乡村振兴战略，要在高效设施农业与改善农村环境等农业技术及推广方面下真功夫。一方面，大力推进“互联网＋农业”，以土地规模经营为依托，运用北斗卫星定位等高端技术建设“智慧农场”平台，并积极支持和引导工商资本、农业企业通过自主研发或与高等院校、科研单位联合研发新品种，向育、繁、推一体化种业企业发展，实现名、特、优、稀产品区域性的集中育（供）苗中心农业全程智能化。另一方面，要在农业生态技术的研究和推广方面多下功夫，重点加强农村面源污染治理，推进秸秆综合利用及加快农村新型能源技术推广应用，抓好沼气、太阳能、污水净化处理等生态节能工程；推广使用有机肥、高效低毒低残农药、可降解农膜等技术，不断改善农村生态环境，全力推进落实农业创新驱动发展战略，加快高质量发展，做到四个“最”：质量最优、品牌最强、百姓最放心、消费者最满意。

同时，注重提高农业机械化技术推广能力。强化农业机械化技术推广机构的能力建设，加大新技术试验验证力度。推行政府购买服务，鼓励农机科研推广人员与农机生产企业、新型农业经营主体开展技术合作，支持农机生产企业、科研教学单位、农机服务组织等广泛参与技术推广。运用现代信息技术，创新“田间日”等体验式、参与式推广新方式，切实提升农业机械化技术推广效果。提高农机公益性试验鉴定能力，加快新型农机产品检测鉴定，充分发挥农机试验鉴定的评价推广作用。

(4)打造区域乡村振兴孵化器，构建农技推广新高地。乡村振兴孵化器是政府、企业、农民的共事平台，是产业、产品、资源、主体的组织平台，是供需互动的交易平台，也是乡村文化创意平台，更是综合服务和孵化平台，是凝聚乡村振兴合力、促进区域经济发展的引擎。要把握农业科技园区的“农、高、科”定位和作用，按照国务院办公厅《关于推进农业高新技术产业示范区建设发展的指导意见》，实施农业科技园区“333”布局，即建设 30 家国家农业高新技术产业示范区、300 家国家农业科技园区、3 000 家省级农业科技园区，把农业科园区建设成为创新创业的重要基地、培训职业农民的大课堂、成果示范推广的主阵地、集聚创新资源的重要载体、农业农村改革的试验田，吸引更多的农业高新技术企业到园区落户，培育世界级农业高新技术企业。示范区应通过体制机制的创新，全面提升我国农业科技园建设水平。不仅要有高水平的研发，提供源源不断的技术供给，更要做好技术推广应用的试点示范，做给农民看，带着农民干。农业科技园是农业科技成果成功转移转化的生动代表，示范区是农业科技园的一种高级形态，要通过示范区建设为农业高新技术产业集群的发展提供现实样板。

(5)深化基层农技推广体系改革，推进公益性农技推广机构与经营性服务组织融合发展，探索提供技术增值服务合理取酬机制。全面实施农技推广服务特聘计划，可有效强化农科教协同推广。

(6)农机装备是现代农业发展的物质载体，应推动农机装备产业向高质量发展转型，推动农业机械化向全程全面高质高效升级。2018 年 12 月，国务院办公厅印发了《关于加快推进农业机械化和农机装备产业转型升级的指导意见》。农业机械化和农机装备是转变农业发展方式、提高农村生产力的重要基础，是实施乡村振兴战略的重要支撑。没有农业机械化，就没有农业农村现代化。近年来，我国农机制造水平稳步提升，农机装备总量持续增长，农机作业水平快速提高，农业生产已从主要依靠人力畜力转向主要依靠机械动力，进入了以机械化为主导的新阶段。但受农机产品需求多样、机具作业环境复杂等因素影响，当前农业机械化和农机装备产业发展不平衡不充分的问题仍比较突出，特别是农机科技创新能力不强、部分农机装备有效供给不足、农机农艺结合不够紧密、农机作业基础设施建设滞后等问题亟待解决。

建议以服务乡村振兴战略、满足亿万农民对机械化生产的需要为目标，以农机农艺融合、机械化信息化融合、农机服务模式与农业适度规模经营相适应、机械化生产与农田建设相适应为路径，以科技创新、机制创新、政策创新为动力，补短板、强弱项、促协调，推动农机装备产业向高质量发展转型，推动农业机械化向全程全面高质高效升级，走出一条中国特色农业机械化发展道路，为实现农业农村现代化提供有力支撑。

9. 尽快制定国家中长期乡村振兴科技发展规划纲要

新时代农业农村发展呈现新特征，主要表现为四个深刻转变：一是城乡统筹向城乡融合、农业农村优先发展转变；二是农业现代化向农业农村现代化转变；三是从追求数量、产量向品质结构效益转变，从粗放经营向绿色可持续发展方式转变；四是农民增收致富方式从单一渠道向多渠道转变。这些转变迫切需要我们解决目前农业科技力量散乱的问题，整合优势力量。因此，科学技术部牵头、农业农村部等多部门协同，通过加强顶层设计，制定符合乡村振兴“三步走”战略的国家中长期科技发展规划纲要，调整科技创新方向和重点，优化完善乡村振兴政策和体制机制，指导各地各部门有序分类推进乡村振兴，形成全国产学研一盘棋的创新格局，势在必行。

第十章

未来技术

做好农业农村科技战略研究，重点任务之一就是在厘清农业农村科技成长规律的同时，明确判断今后国际农业科技发展的方向和重点，也即今后竞争的热点。

未来农业技术不是凭空想出来的，有其产生的内在逻辑和环境，有产业进步的自身要求。根据近年国内外重大研究突破和政府政策导向，未来技术和产业初见端倪。未来技术一定是产业主导性技术，具有产业的颠覆性，能够转变以往的生产方式、生活方式，服务于产业升级，服务于人类对美好生活的向往。

未来技术主要呈现在人类生活方式和农业生产方式的改变等方面。生活方式的改变体现在生产或改善食物、药品和环境健康的新技术、新方法和新产业；生产方式的改变体现在生产过程摆脱气候和环境的制约或影响，保障农产品有效供给。

本章在分析文献和政府政策基础上，综述了未来改变生活方式和生产方式的技术，未来育种技术和创新范式等，并提出了我国加速未来科技创新的建议。

一、未来改变生活方式的技术

大众都普遍关心芯片产业的国际竞争，实际上 2022 年美国总统不只签署了《2022 年芯片与科技法案》，同年，美国总统还签署了《美国生物技术与生物制造法案》，两个法案同等重要，将对世界发展格局产生重大深远的影响。美国的芯片法案核心是在工业制造产业遏制我国的崛起，而生物技术与生物制造法案则是试图在农业科学与技术、生命科学与技术、环境科学与技术等生物经济产业领域继续称霸世界。

从美国近百年农业现代化进程来看，实际上《美国生物技术与生物制造法案》的签署代表着美国的农业现代化步入新轨道，美国在 21 世纪初经历了数字服务业现代化表现形式转变为基于生物技术和信息技术进步衍生的生物制造现代化表现形式。我国农业如何在新的现代化轨道上竞争发展，必须在战略上高度重视，在战术上积极应对。

有研究指出，生物技术的进步正在迅速改变农业、工业、技术和医疗产品的格局，在 21 世纪末之前，生物工程可能占全球制造业产出的 1/3 以上，价值接近 30 万亿美元。该计划将加速生物技术创新，并在多个行业发展美国的生物经济，包括健康、农业、能源和环境等。

2022 年 9 月 12 日，美国关于推进生物技术和生物制造创新以实现可持续、安全和可靠的美国生物经济的行政命令颁布。《生物技术与生物制造法案》是一个全面系统的生物经济产业发展支持计划，有完整的发展目标、支持方向、发展重点和实现目标的路线图，几乎涉及美国政府、产业各个部门和领域。这一法案的颁布，得到了科技界和产业界的高度重视和支持。美国计划投入的 20 多亿美元将用于多项发展目标：利用生物技术加强供应链；扩大国内生物制造；促进美国各地的创新；将生物产品推向市场以实现再生医学、工业生物制造和生物制药的商业化；扩大 I-Corps 计划，培养下一代生物技术专家；推动监管创新以增加获得生物技术产品的机会；开发生物经济的高级测量技术和标准；促进数据共享以推进生物经济等。

我国也高度重视生物技术产业，国家发展和改革委员会印发《“十四五”生物经济发展规划》，提出“十四五”时期生物经济增加值占国内生产总值的比重稳步提升，生物经济成为推动高质量发展的强劲动力；提出医疗健康、食品消费、绿色低碳、生物安全为优先发展的四大重点领域；明确指出包括合成生物学在内的生物经济，是未来中国经济转型的新动力。由于我国生物经济理论和产业关键技术积累不够，和美国生物经济发展能力相比竞争力尚显不够。

美国法案中重点强调了发展合成生物学经济。合成生物学是一项跨学科、跨行业的底层技术，应用领域广泛。据前瞻产业研究院测算，全球合成生物学市场规模至 2020 年已达到 68 亿美元，2025 年将达到 208 亿美元，复合增长率达 28.8%。

合成生物学技术创新近年来呈现爆发式增长，是国际科技前沿竞争热点。合成生物学与传统生物学不同，本质是建立人工生物系统生产人类需要的产品，包括食品、医药等。有专家把人工生物系统的运行比喻为像电路一样运行的工业系统。合成生物是工业生产过程，利用已探明物质合成代谢机理，运用工业思想和工程方法，利用工业装置或可控生命执行载体（改造或新创制的微生物）进行产品生产。也即今后粮食的生产可以不依赖土地和种子，药品等的生产可以不依赖原有的原料供给系统。合成生物技术被评为能够改变未来世界的十大技术之一。预计生物技术的应用可以降低工业过程能耗 15%～80%，减少原料消耗 35%～75%，减少空气污染 50%～90%，减少水污染 33%～80%。据世界自然基金会预估，到 2030 年工业生物技术每年可降低 10 亿～25 亿 t 二氧化碳排放。

合成生物学的发展进步依赖于科学技术的进步和对全球可持续发展能力的担心和焦虑。人造牛排、新药研发技术和产品就是在这个背景下诞生的。

根据联合国粮食及农业组织（FAO）的计算结果，牛肉生产在各方面的消耗都是第一位的。比如，生产 1 kg 牛肉需要 10 kg 谷物；生产 1 kg 猪肉需要 4～5.5 kg 谷物；生产 1 kg 的鸡、鸭肉，需要 2.1～3 kg 的谷物。而牛肉生产占地是猪肉、鸡肉生产占地的 29 倍，其耗水量要多 11 倍。总体衡量，生产同等数量的牛肉，要比生产猪肉多排放 11～15 倍的温室气体。按照 FAO 比较严谨的数据，生产 1 kg 牛肉相当于排放 36.4 kg 二氧化碳，生产 1 kg 猪肉至少排放 3.3 kg 二氧化碳。

根据这些情况，FAO 提出了畜牧业减排行动。因为，养殖业所排放的温室气体当中，有 45%是生产饲料时排放的，另有 39%是动物排出的气体。这可以理解为，如果能生产“人造肉”来代替部分畜牧养殖的肉类，就可以大大减少温室气体排放，至少“人造肉”的生产不会使用饲料，用地和用水也会随之减少。

研究证明，生产 1 kg 牛肉所产生的二氧化碳和一辆经济型轿车行驶 100 km 的排放量大致相当；生产 1 kg 猪肉或禽肉所产生的二氧化碳，相当于轿车行驶大约 50 km 的排放。

水也是肉类生产过程中大量消耗的资源。每生产 1 kg 鸡蛋需要 3 300 L 水；每生产 1 kg 鸡肉需要 3 900 L 水；每生产 1 kg 牛肉则需要 15 500 L 水。

人造牛排的研制成功运用了合成生物技术，生产过程是从牛身上分离出来两种干细胞，分别是牛肌肉卫星细胞和脂肪干细胞。然后，研究人员孵育并诱导这些细胞成为可生成肌肉、脂肪和血管所需的纤维组织，接着把这些不同种类的纤维组织，以 3D 打印方式将它们排列成和牛肉相似的结构。具体来说，就是把模拟大理石花纹的“肉片”进行堆叠，再垂直切片，借此即可精细复刻牛肉大理石花纹。

2022 年 5 月，*Nature* 发表了瑞典学者 Florian Humpenöde 的文章“Projected environmental benefits of replacing beef with microbial protein”，该文章分析了基于微生物蛋白的“人造肉”能带来多少环境效益，认为：①利用生命周期评估模型，预测相比于食用反刍动物肉类，利用糖作为发酵底物在生物反应器中产生微生物蛋白可能带来的环境效益；②到 2050 年，若将人均摄入的反刍动物肉类的 20%用微生物蛋白替代，可抵消所需的全球牧场面积增加，并减少 56%的森林砍伐、56%的二氧化碳净排放和 11%的甲烷排放；③若将人均摄入的反刍动物肉类的 50%或 80%用微生物蛋白替代，可分别减少 82%或 93%的森林砍伐、83%或 87%的二氧化碳净排放、26%或 39%的甲烷排放。

近 10 年来，人造牛排生产的几个里程碑事件反映了合成生物学技术的蓬勃发展。

2012 年，一块近乎透明的人造牛排，筋络分明，在培养皿中颤动。这般电影中的场景成为现实。荷兰马斯特里赫特大学的生物工程学家马克·波斯特博士正率领团队，为创造史上第一整块“人造肉”而昼夜奋战。波斯特的实验室有一个超大号恒温箱，里边的培养皿中躺着一丝丝透明肉类纤维，每条长约 3 cm，宽约 1.5 cm。产出这样一条纤维，需要 500 万个细胞。而每 3 000 条肉类纤维才能合成汉堡大小的肉块。波斯特介绍说，做成汉堡大小的第一块“人造肉”，需要 25 万欧元（约合 30.8 万美元），并占用 2 位技术人员一整年的时间。

2019 年 10 月，以色列公司 Aleph Farms 用牛细胞在实验室培养出的全球第一块人造牛排被端上餐桌，相关体验者表示这块人造牛排肉质口感和牛肉差不多，其形状、质地、结构也与传统牛排相似。

2019 年 11 月 18 日上午，中国第一块人造培养肉在南京农业大学国家肉品质量安全控制工程技术研究中心诞生。周光宏教授带领团队使用第六代的猪肌肉干细胞培养 20 d，生产得到重达 5 g 培养肉。据介绍，这是国内首例由动物干细胞扩增培养而成的人造肉，是国内该领域内一个里程碑式的突破。

一家名为“孟菲斯肉类”的公司获得了来自比尔·盖茨和美国最大肉类供应商泰森食品公司等的投资。公司宣布，首批产品将在 2021 年之前正式上市。孟菲斯肉类公司制造不到 500 g 的牛肉，成本仍高达 2 400 美元（约合 16 495 元）。这是因为制造过程中使用动物血液制成的血清非常昂贵，一盎司鱼血清就要 850 美元（约合 5 842 元）。但人造肉的开创者波斯特教授表示，如果开始大规模生产他的人造牛肉饼，他可以将成本降低到每块 10 美元左右。据研究机构估算，“人造肉”未来的市场规模有望达到 64 亿美元（约合 450 亿元）。

在生物医药领域，合成生物学呈现了光明的前景。2015 年 8 月 18 日，斯坦福大学的合成生物学家 Stephanie Galanie，在 *Science* 发表文章“Complete biosynthesis of opioids in yeast”。他们将植物、细菌和啮齿动物基因混合导入酵母中，改造过的酵母成功地将糖转化为蒂巴因（thebaine）——吗啡等强大止痛药物的前体。该研究团队还发现，进一步调整过的酵母可以产生氢可酮——一种广泛使用的，由蒂巴因化学合成的止痛药。这是合成生物学至今最复杂的壮举之一。“这是一个重大的里程碑。”Jens Nielsen，瑞典哥德堡查尔姆斯理工大学的合成生物学家评价说。这项工作展示了合成生物学正逐步精确地将复杂的代谢途径转移到微生物上。

在合成生物学基础研究方面，我国学者在人工设计染色体方面取得突破。天津大学系统生物工程教育部重点实验室元英进领导的研究组 2017 年 3 月 10 日在 *Science* 杂志上刊发两篇文章，一篇文章报道了全化学合成重新设计的真核生物酿酒酵母十号染色体，长达 707 kb，创建了一种高效定位生长缺陷靶点的方法，即混菌 PCR 标签定位法（pooled PCRTag mapping，PoPM），解决了合成型基因组导致细胞失活的难题，并且提供了一种表型和基因型关联分析的新策略，有助于延伸对基因组和细胞功能的认知。另外一篇文章首次报道了精确匹配设计序列的真核生物染色体的化学合成，验证和评判了当前真核生物人工染色体的设计原则。同时，开发了定制化人工构建酿酒酵母环形染色体的方法，为研究染色体重排、癌症、衰老、人类染色体异常疾病等提供了新的研究思路和研究模型。

2018 年 9 月 21 日，*Science* 同期发表两篇重磅合成生物学研究文章，分别是来自 Micheal Elowitz 团队的“Programmable protein circuits in living cells”和来自 Christopher Voigt 团队的“Cellular checkpoint control using programmable sequential logic”。同时来自系统生物学领域的著名学者 Uri Alon 对以上两篇文章，以及 2018 年 6 月发表在 *Science* 上的来自 Wendell Lim 研究团队的文章“Programming self-organizing multicellular structures with synthetic cell-cell signaling”进行了评述，文章名为“Programming cells and tissues: New toolkits of biological parts allow powerful cell programming by synthetic biologists”，文章探讨了“可组合性（composability）”对于合成生物学的重要性。

我国学者在淀粉人工合成方面取得了重大突破性成果。2021 年 9 月 24 日，*Science* 在线发表了这项研究，该研究在国际上首次实现了二氧化碳到淀粉的从头合成，是基础研究领域的重大突破。

我国学者在蛋白质生物合成领域取得突破性进展。2021 年 10 月 30 日，中国农业科学院饲料研究所报道，经过多年研究攻关，我国科学家突破了自然光合固碳、固氮系统利用太阳能反应速度缓慢的局限，突破了天然蛋白质植物合成的时空限制，在国际上首次实现从一氧化碳到蛋白质的合成，创造了 22 s 工业化一步生物合成蛋白质获得率最高 85％的世界奇迹，并已形成万吨级的工业生产能力。

在农业生产领域，合成生物学已展现了巨大的潜力。2020 年，吴杰和赵乔在《植物生理学报》发表文章，“合成生物学在现代农业中的应用与前景”，认为合成生物学在改良光合作用和生物固氮等方面前景广阔。利用合成生物学提高光合作用效率，可增加农业产量。农业产量主要受限于光捕获效率、生物量积累效率和收获指数等。目前，植物的光捕获率已接近最大理论值，且大幅度提高收获指数已无可能；但是植物将光能转化为生物量的效率仅达到理论值的 20％左右，光合作用效率还有很大的提升空间。另外，城市化进程使得大幅度扩大农用耕种面积可能性大大降低。因此，与以往相比，利用合成生物学改造或改良光合作用，提高光能利用效率以大幅度提高作物产量将在解决未来粮食危机及维持可持续生态环境中起到更关键的作用。目前光合作用合成生物学的研究主要体现在利用合成生物学对植物体内代谢进行改造，以提高光合碳同化效率如提高 rubisco 酶活性、引入碳浓缩机制和减少碳损耗，以及提高光能利用效率等方面。

在固氮方面，利用合成生物学自主固氮，可减少农业化肥使用。发达国家的农业高产量很大程度上依赖于肥料的大量使用。20 世纪 60 年代以来，世界范围内的氮肥消耗量增加了 13％，但禾谷类作物的氮肥有效利用率由 80％降至近 30％。化肥的大量施用在提高作物产量的同时，也带来了水体富营养化和大气污染等问题，严重威胁着农业的可持续发展。近年来，国内外的研究者将目标转向了生物固氮途径，通过构建人工高效固氮植株体系为农作物提供氮源，从而部分替代或大幅度减少化学氮肥的使用，开创了固氮合成生物学的新领域。

利用合成生物学重塑代谢通路以改良农产品品质，调整农业种植结构。目前，农业的生产力已接近极限，意味着对提高作物营养价值的需求变得更加迫切，在满足充足粮食供应的同时要解决人类营养不良等问题。在有限的土地资源和全球气候变化背景下，种植更有价值的产品将是未来农业不可避免的选择。植物合成生物学可以通过改造现有代谢途径或者从头合成新的人工代谢途径对作物进行改良或者获得新的代谢产物。例如，富含维生素 A 的“黄金大米”、富含花青素的“紫晶米”、低致敏蛋白含量的花生等。再比如，利用合成生物学可以在细菌或酵母中实现诸多高价值植物源天然产物的批量生产，如紫杉二烯、青蒿素、吗啡、红景天苷、灯盏乙素和大麻素等。在不到100 m^3的发酵车间中，青蒿素的年产量可接近于我国5万亩耕地的种植产量。因此，合成生物学必将推动未来农业种植结构的调整。

农业是人类的生存之本。农业的发展既要满足持续增长的人口对粮食的需求，还要在有限的土地资源以及全球气候变化的背景下实现可持续发展。合成生物技术被誉为改变世界的十大颠覆性技术之一，具有广阔的应用前景。随着合成生物学研究的不断发展，其在突破传统农业瓶颈、引领农业现代化发展方面的作用日益突出。合成生物学即将为农业带来重大改变。目前，利用合成生物学原理提高植物的光合效率是增加农业产量的有效手段。如何改造、优化当前光合作用系统，使之在全球气候变化下仍保持最佳光能转化效率，仍是当前农业生产中亟待解决的重大问题。合成生物学也将为生物固氮这一世界性农业难题提供革命性的解决方案，从而为农业生产提供最经济、环保和高效的氮素供应方式。通过重塑合成代谢通路对作物进行改良，以提高作物的营养价值；通过异源合成人类所需的各种植物天然产物，使农业发展不再受限于有限的土地资源和气候变化。此外，合成生物学还将为增强作物抗旱性、改良农业土壤以及从头驯化作物改良性状等方面提供新的途径。可以预见，合成生物学必将影响未来农业走向，为农业领域带来巨大的变革。

二、未来改变生产方式的技术

自第一次工业革命成果催生美国等以拖拉机作业为代表的农业生产方式的变革以来，工业革命的重大成果都会在农业生产领域得到广泛应用，其降低成本和提升竞争力的优势会带来农业生产方式的变革，比如化肥农药工业技术革命、转基因技术突破、信息化数字化技术突破等。步入21世纪，随着全球人口数量的持续增加，人类生存所面临的粮食危机越来越严重。预计到2050年，全球粮食产量需增产70%才能满足全球人口需求。此外，全球气候变化以及工业化导致的世界范围内的土壤退化问题将使得人均可用耕地面积进一步减少。因此，如何在全球气候变化的背景下，以快速且可持续的方式在更少的土地上生产更多的粮食，以满足不断增长的人口对粮食的需求，将是农业界未来面临的最大挑战。

垂直农场本质上是应用工业技术在可控空间内生产粮食、蔬菜和畜禽产品。现代工业技术，包括光伏新能源技术、发光二极管（LED）可控光源技术、自动化控制技术、传感器技术、智能管理技术等在垂直农业产业得到集成应用。这种方式是工业思想和工程办法在农业生产中的具体应用，和传统的利用耕地和设施生产粮食和肉蛋奶的方式截然不同，是农业生产方式的根本转变，是未来农业生产技术的发展方向。

2020 年 8 月，普林斯顿大学学者在美国科学院院报撰文“环境可控垂直农场小麦生产潜力”（Wheat yield potential in controlled-environment vertical farms)，这项研究基于美国宇航局探索在月球或火星表面栖息地利用空间站生产粮食。全球人口不断增长对目前的谷物产量是一个挑战。小麦供应大约 1/5 人类饮食中的能量和营养。垂直农业是增加未来小麦产量的有希望的选择。研究表明，小麦在 1 hm^2 土地上，生长在 10 层室内垂直设施中，可生产 (700±40)t/hm^2（实测）至（1 940±230)t/hm^2（估计）的粮食。在优化温度、人工光照、高二氧化碳水平条件下产量可以达到现在 3.2 t/hm^2 的 220 至 600 倍。室内小麦种植对环境更有利，产量不受气候、季节和地区的影响，所需土地面积更少，所需杀虫剂和除草剂的用量更少，也没有营养损失。虽然不久的将来，室内小麦种植不太可能在经济上具有当前市场价格的竞争力，但它可能在防范未来气候变化或其他粮食系统意外中断方面发挥重要作用。而且，学者们认为未来的技术进步会降低成本和能耗。

利用垂直农场生产蔬菜，很多国家已经实现了产业化，近年来新闻报道较多，比如新加坡垂直农场——ecological design in the tropics,（EDITT)。EDITT 大厦高 26 层，将尽可能多的太阳能电池板堆积到 855 m^2 的狭小空间内，令这栋大厦至少 40%的电力消耗都来自太阳能。大厦全部采用已回收材料和可回收材料建设，外立面一半的区域种植当地有机植物。除了使用再生材料，EDITT 大厦还将采用雨水收集系统、中水系统等环保技术，同时可能还有一个将污物转换为生物气的项目。

美国新泽西州的 AeroFarms 公司为了应对农田流失，决定建立垂直农场。这家农场建在纽瓦克市，距离纽约曼哈顿仅 1 h 路程。它占地 6 500 m^2，是世界上最大的垂直农场，每年可产 90 万 kg 食物，比户外农田产量增加 75%，耗水则可减少 95%。

三、未来养活 100 亿人的农业育种技术

育种技术的进步是提高育种效率的关键。2019 年 6 月，*Nature Biotechnology* 杂志发表了来自澳大利亚昆士兰大学的植物遗传学家 Lee Hickey 的

综述文章,“Breeding crops to feed 10 billion”,该文章综述了养活100亿人所需要的农业育种技术。

作物的改良可以帮助我们应对为100亿人口提供粮食的挑战,问题在于,我们能否以足够快的速度培育出更好的品种?基因分型、标记辅助筛选、高通量表型分析、基因编辑、基因组选择、从头驯化……这些技术都可以结合快速育种技术,让植物育种家们能够跟上环境变化和人口增长的步伐。

未来30年,预计全球人口将达到100亿。到目前为止,常规育种方法已经为我们带来了高产的、营养丰富且适于机械收获的作物,来满足不断增长的人口对于食物的需求。但是,目前包括小麦、水稻和玉米在内的主要作物的产量增加速度还不足以满足未来的需求。育种家和植物科学家承受着改良现有作物和开发新作物的压力,未来的作物必须更高产、更有营养、抗病、抗虫并且能适应气候变化。

不同于12 000多年前第一批粮食作物被驯化的时代,今天的植物育种家拥有大量的创新技术可用于作物改良。例如,自动化高通量表型分析系统的发展已经实现了对较大群体的快速评估,增加了选择强度并提高了选择准确性。第二代和第三代测序平台的出现意味着育种家们可以较低成本使用DNA分子标记来辅助筛选并加速基因挖掘、性状解析和预测育种技术。植物育种的关键限制因素之一是作物生长周期长,通常每年只产生一代或两代,这一难题已经通过使用“快速育种”方案得以部分解决,这种方案采用延长的光周期并控制温度,将春小麦、大麦、鹰嘴豆和油菜的传代时间缩短一半以上。最先进的技术与快速育种相结合,将为应对养育100亿人口挑战的努力夯实基础。

1. 育种速度的进化

大约150年前,植物学家首次证明,植物可以在碳弧灯的人造光下生长。不久之后,连续光对植物生长的影响也有了评估结果。Arthur和他的同事们报道称,在恒定光照下,近100种植物中的绝大多数开花更快,包括蔬菜、谷物、杂草、草药和花园观赏植物。在20世纪80年代中期,美国宇航局与犹他州立大学合作,探索在空间站的恒定光照下种植快速生长小麦的可能性。这一共同努力促成了“USU-Apogee”的诞生,一种可用于快速生长的矮壮小麦育种系。与此同时,1993年俄罗斯科学家提出测试“太空镜”,将黑夜变为白昼,从理论上提高地球上的农业生产力。1990年,美国威斯康星大学对LED用于植物生长的效果进行了评估,LED技术的不断改进大幅度降低了可提高作物生产力的室内植物繁育系统的成本。

受美国宇航局工作的启发，昆士兰大学的研究人员在2003年创造出“快速育种”，意指一套用于加快小麦育种的改进方法。现在多种作物都有了可用的快速育种方案。不同于单倍体加倍技术，快速育种适合多样化的种质，并且不需要专门的实验室来进行体外培养（单倍体加倍技术是产生单倍体胚胎，然后使染色体加倍，以产生完全纯合的品系）。

该技术使用最佳的光质、光强、光照时长和温度控制来加速光合作用和开花，以及更早收获种子，从而缩短了传代时间。对于需要特定环境因素（如春化或短日照）才能诱导开花的物种，有特殊定制的方案可用。当将这些技术应用于可以高密度种植（例如，1 000株/m^2）的小型谷物作物时，与开发大量自交系作物相关的空间和成本都可以降低。“种子切削”技术和单株植物追踪条形码的组合可以促进高通量分子标记辅助筛选。为加快植物研究进展，可在快速育种系统中进行诸如杂交、种群绘图和成熟植物的特定性状分型等活动。此外，快速育种可以加速性状的回交和聚合，以及转基因研发线。

精心的策划可用于创建DNA分子标记测试、快速育种和田间表现评估的研发线。第一个使用快速育种开发的春小麦品种“DS Faraday”于2017年在澳大利亚发布。在这个产品中，快速育种被用于在作物成熟时加速籽粒中抑制发芽的休眠基因的表达，以生产出富含对采前发芽耐受性高的蛋白质的小麦。

对于那些没有途径使用大型设施的研究人员，可以设置低成本的小型快速育种单元。快速育种还可以加速地方品种和作物的野生近缘种中等位基因多样性的发现和使用。例如，使用快速育种配合与已知基因相关的DNA分子标记筛选Vavilov小麦抗叶锈病，促成发现了新的抗病来源。

2. 更快、更好的表型分析

表型分析是指对植物生长、发育和生理学的任何方面进行的测量。表型特征源于基因型与环境之间的相互作用，包括光合作用系统的荧光特性、生长速度、抗病性、非生物胁迫耐受性、总体形态、物候学等，并最终表现为产量构成因素。可靠的表型分析是植物育种的核心，因为它是为开发新品种而进行品系筛选的主要依据。因此，表型分析方法的改进必须综合考量准确性、速度和成本之间的平衡。虽然“育种家的眼睛”可能永远都不会被完全替代，但工程学能让育种家看到更多，并为基于表型的筛选提供更好的信息。创新是多方面的，包括在可见光中有多达数百个光谱带和长波谱的用于植物成像的机器人设备（使用传送器、地面移动车辆和无人机）等。它通过计算机可视化和机器学习处理图像和提取有价值的信息，实现了对植物生长和功能的非破坏性监控。通过使用高度互连的环境监测系统，关于植物对环境响应的理解可以进一步增强并实现自动化。这些技术组合在一起，为增加表型分析的准确性和降低其成本提供了令人振奋的机遇。这类平台的早期例子是在可控环境中应用的Plant Accelerator，目前它在解决需要控制环境变化的问题时仍然具有重要作用。更便宜的现场操作平台正在变得越来越强大且实用，特别是能够携带大量有效载荷并保证足够飞行时间的无人机的应用越来越广泛。应用这种新一代表型分析的主要挑战仍然是数据处理和图像加工。计算机科学家的持续贡献对于维护表型分析的高速发展至关重要。加上基因组学的快速进步，更好的表型分析工具正在引领加速育种的时代。

育种家们通过天然存在的或实验室控制群体结构来理解表型-基因型之间的关联性，表型分析也随之发展。利用此类方法已成功绘制出影响复杂表型的遗传区域图谱，例如水稻的产量构成因素和高粱的植株高度。这些技术与基因组辅助育种方法组合使用，可以更快速地改良作物品系。

田间种植作物表型分析的创新只能与快速育种相结合，以便选出在目标环境和快速育种条件(如长日照时间和人工光谱)之间均保持稳定的性状。耐受某些害虫和疾病的抗性表型分析也可以整合到快速育种研发线中，以进行单一性状的表型分析，如一些结构特征和在次优条件(如在凉爽的日子或温暖的夜晚)下维持营养生长的能力，其可能有助于植物对特定非生物胁迫的应答。快速育种设施与自动化高通量表型分析平台的整合将进一步加速功能基因座和基因的发现，并且有助于对影响植物生长和发育的特定基因进行特征分析。

随着低成本计算机和其他硬件的出现，表型分析平台正变得便宜且易于获取。虽然在受控环境中进行表型分析有优势，但是对于简单的抗病性状，表型分析最好能够在多个田间测试中进行确认。对于抗旱和高产之类更复杂的性状，表型分析必须在目标环境中的田间条件下进行。

3. 作物改良的快速编辑

对于基因编辑和转基因性状而言，可以通过将这些工具纳入快速育种研发线而更快地实现其优势。许多第一代基因编辑应用都仅仅依赖于一种或两种非优良基因型，它们的优点在于容易进行植物组织培养和转化后再生。最近开发的技术甚至也可以为优良品系提供高的转化效率。实施基因编辑仍然需要耗费时间的组织培养过程，以及适合进行Cas9基因和单指导RNA(sgRNA)序列遗传操作的具有一定程度物理控制的专业实验室。然而，将基因编辑直接纳入快速育种的系统，如ExpressEdit，有可能绕过植物材料体外操作的技术瓶颈。虽然并未进行常规操作，但已经采取了许多朝向基因编辑快速跟踪发展的举措。在 CRISPR 基因编辑中，sgRNA 指导 Cas9 酶定位到靶标 DNA 位点上，Cas9 在该位点切割 DNA，可以产生含有异源 Cas9 基因的“CRISPRready”基因型。例如，含有 Cas9 转基因的转化植物可以作为供体，利用高速分子标记辅助回交转育来创造一系列的优良自交系。为达成靶向基因组编辑，有不同的递送 sgRNA 的方式。然而，这种技术仍将产生需要接受监管的转基因植物，并且需要提供所转基因、Cas9 以及大多数情况下选择标记基因的被编辑基因座在随后的分离情况。基因组编辑与无须组织培养的快速育种的整合需要一些技术上的突破，其最佳结果是进行等位基因修饰而不需要组织培养或应用外源 DNA，因为这样的结果可以避免被贴上转基因生物的标签。单个或多重编辑已被广泛证实能够实现这一期望，而现在，可以使用以下无组织培养技术来实现。

例如，可以使用 CRISPR-Cas9 核糖核蛋白复合物完成基因组编辑。这种技术已经可以在一些物种中应用，包括小麦、玉米和马铃薯。未成熟的胚胎或原生质体已成功地被用作靶标组织，在理想情况下，这种方法将被优化，以用于成熟种子或发芽幼苗。表型分析可以在其后代中进行，并允许性状叠加。或者，可以设计黏土纳米片来递送 Cas9 蛋白和 sgRNA。黏土纳米片可用于将 RNA 干扰(RNAi)构建体递送到植物中，赋予其对病毒的抗性。RNAi 效应可在植物中持续存在几周时间并移动到整个植株。Cas9 和 sgRNA 组分的递送也可以通过使用病毒载体，如双粒病毒，或利用成熟种子的茎尖分生组织进行植物内粒子轰击，或通过无须愈伤组织培养的 DNA 生物弹方式将编辑工具导入细胞中。该类技术可用于将预装配的 Cas9-sgRNA 核糖核蛋白递送到植物茎尖分生组织以产生基因编辑，或将其引入花粉和花序组织中。

4. 快速基因组选择

分子标记辅助筛选，其中少数基因或性状可以使用相关 DNA 标记进行跟踪，已经成功适用于几乎所有的作物育种计划中那些基因突变后有明显效果的性状。相比之下，基因组选择使用全基因组范围的 DNA 标记，以预测育种个体在复杂性状中的遗传优势。这项技术的发展有助于在大量基因和/或调控元件的背景下，了解复杂性状(如产量)究竟是受到哪些变量的综合影响，通常这些变量中的每一种都会产生微小的效应。通过全基因组范围的 DNA 标记(如单核苷酸多态性)的连锁不平衡捕获这些变量的效应，并估计这些标记在大的参照或训练群体(由含有测量的标记基因型和性状的品系或个体组成的群体)中的效应。一旦完成了标记效应的估算，即可对育种的候选品系进行基因分型。随后，为评估育种所用的各候选品系的价值，对其基因组育种价值

(GEBV)进行估算,GEBV为其携带所有标记等位基因的标记效应总和。然后可以选择排名最高的GEBV对应的品系用于培育下一代。基因组选择与传统育种方法相比,一个优势是可以在产品开发早期选择出优良品种作为父母本,并且可以在传统育种方法完成单个育种周期所用相同时间内完成基于GEBV的多轮育种周期。对于通常在品种研发线后期(评估阶段)才进行测量的性状(例如产量)来说,基因组选择的最大潜力在于节省时间和资源。

基因组选择正在私营部门中被大规模用于作物育种计划,比如玉米育种。美国一些研究者描述了通过基因组选择对耐旱玉米杂交种进行工业级规模评估的影响,那些品种(AQUAmax杂交种)现在已被农民大规模地种植在农田里。对农场生产数据进行的广泛评估结果表明,AQUAmax玉米杂交种在正常种植用水和干旱胁迫条件下产量均有显著提高,在水资源受限的情况下产量稳定性提高,减轻了农民承担的风险。

为了获得更大的收益,可以使用基因组选择对多个性状同时进行靶向筛选。例如,为选择具有高产特性的植物,可以通过使用多性状的方法纳入能够以高通量并能在早期阶段进行测量的表型,比如冠层温度和归一化差异植被指数,从而提高选择的准确性,并综合考虑GEBV值,以将产量潜力最大化。另一个例子是最终用途的质量性状,这是小麦育种计划中最后测量的性状之一。使用多性状方法,基于对少量面粉的近红外和核磁共振的特征图谱分析进行的最终用途质量性状的预测可以与DNA分子标记的预测组合起来,给出准确的GEBV值。这些数值随后可用于选择出具有理想最终用途质量性状的植物,比可能使用的其他手段的育种周期所消耗的时间短许多。

基因组选择在与其他技术组合使用时会带来最大回报,即缩短传代间隔时间和包括影响目标性状的决定性突变的准确位点,因为在这种情况下,预测不再依赖于DNA标记与决定性突变之间的连锁不平衡。由于快速育种可以实质上减少传代的间隔,通过在每一代应用基因组选择筛选出选择下一代的父母本,这种方法所带来的遗传增益可以大大增加。目前,基因分型的成本是实施基因组选择的最大挑战。为了降低成本,一种选择是仅在每两代或三代应用一次基因组选择,或仅对在快速育种周期中通过了性状的可靠表型分析阈值的候选植株进行选择,例如某些抗病的类型。基因分型的新策略利用高通量测序(如rAmpSeq)可能会非常显著地降低用于基因组选择的基因分型的成本。

对许多性状而言,影响表型的单核苷酸多态性的精准定位尚不清楚,虽然已经确定了某些情况下个体的多态性。如果这些多态性发生在野生或非优良种质中，一种策略可能是采用 ExpressEdit 方法，在优良品系材料中快速设计并引入多态性，然后同时使用基因组选择对整个基因组范围内 DNA 标记的编辑和数以千计的其他影响理想性状的多态性同时进行选择。另一种策略是将基因组选择与快速抗病基因的发现和克隆技术整合起来。虽然可以使用标记辅助选择来递送具有显著效应的抗性基因，该方法与基因组选择的组合使用将有助于积累和维持有利于有效抗病的次要基因变异。这样的方法可能会降低病原体变体克服抗性基因的选择压力。

基因组选择也可用于在整个基因组中叠加有用的单倍型，从群体中分离的可用单倍型中创建出一个最佳种植品系。基因组区域可以通过连锁不平衡来定义。单倍型的 GEBV 定义为单倍型的标记效应的总和。然后，可对基因组的各个部分确定出具有最高 GEBV 值的单倍型，这些最佳单倍型可以通过最佳杂交模式叠加到单个植株中。可以设定具有理想基因编辑或抗病性等位基因的单倍型为特定基因组区域中的“最佳”单倍型，并组合到单个植株中。这种性状叠加的方法结合快速育种，可用于快速开发具有多种性状表现俱佳的作物新品种。

5. 加速人工驯化

植物驯化是一个漫长的突变选择过程，在一系列性状中选择保留最终使植物易于栽培的那些。通过野生物种的新驯化来模仿这一过程，可能是培育现代栽培品种的另一种方式。它提供了一种可能性，用于得到驯化植物基因库中未发现的基因和性状。驯化通常与多倍体有关。事实上，大多数作物都是多倍体。然而，由于存在与近缘种的生殖隔离和多体遗传，多倍体使作物的改良更加复杂化。多倍体与驯化直接相关，通过重新创建多倍体进行快速的重新驯化是从野生近缘种引入新的基因和等位基因的最直接途径。这种重新驯化过程可通过快速育种进一步加速。花生和香蕉是两个可以从这种方法中受益的多倍体作物。花生是异源四倍体，可以通过将野生的 AA 和 BB 基因组的二倍体进行杂交，然后用秋水仙碱处理使染色体加倍，并通过数轮回交农艺性状的筛选来实现。快速育种适用于花生，它可以在多个筛选步骤中加速重新驯化的过程。在香蕉中，多倍体发生在多个栽培品种的驯化过程中，包括野生型 AA 和 BB 物种的种内和种间杂交，加上染色体消除和来自其他物种的转育，结果导致基因组构成为 AAA、AAB 和 ABB 的无籽栽培种形式。基础多倍体事件的少量发生，加上多年生植物在世界范围内的无性系繁殖，对毁灭性疾病几乎或根本没有抵抗力，加剧了遗传多样性不足造成的问题。在花生和香蕉中，利用各种二倍体品种进行多倍体驯化种的再合成和快速育种，将为获得包括抗病性在内的新性状和新品种的快速发展提供途径。此外，在香蕉中，直接编辑现有的三倍体优良品种，可以在短期内快速获得改良品系，从而避免重新合成三倍体所需的成本和时间。为了避免多体遗传，在某些物种中，可以使用具有所需性状的供体在二倍体背景下进行育种，然后通过未减数的配子和/或倍间杂交重新构成多倍体。与直接育种多倍体相比，该方法所需的时间和资源更少，为培育新品种提供了一条有吸引力的途径。这对一些作物是有用的，如香蕉和马铃薯。在香蕉中，育种是在二倍体优良品系和野生亲缘之间进行的，然后通过将选择的二倍体进行杂交（二倍体杂杂）和将选择的二倍体进行染色体加倍，以迅速产生倍间杂交（即 4x×2x），用于生产无籽的三倍体。香蕉植株很大，生长周期很长，从杂交品种的产生到启动评估，最长可达 3 年。同样，快速育种可以在加快杂交种开发方面发挥作用，以便进行评价和进一步的杂交和选择。

其他驯化新物种的方法包括利用已知的驯化基因来重演驯化植物的理想株型。以孤生作物和野生物种的驯化相关基因为目标，已经利用 CRISPR-Cas9 基因编辑技术得以实现。工程改良的新驯化品种可以直接用作农作物，也可以与优良品系杂交，在不存在与野生种质利用相关的时滞的情况下，快速引入新的性状。这一方法已经在番茄上得到了验证。

编辑和诱变结合快速育种也可以适用于通过生物强化制造更健康的食品，比如增加水稻中维生素 B_9 的含量或去除有害蛋白质如藜麦中的皂苷、芸薹属植物种子中的抗营养性硫代葡萄糖苷以及草豌豆中的神经毒素。通过基因编辑的驯化过程是一条激动人心的途径，它可以通过产生直接与高级株系杂交的株系，快速开发作物野生亲缘基因库，而且几乎没有遗传阻力。结合快速育种，这些工具提供了快速地获得新的遗传变异的途径，并加速将这种变异应用到农民的土地上。

6. 快速育种 2.0

LED 的创新与扩展的光周期和早期种子收获相结合，使得快速育种得以更广泛应用。但是，进一步提高育种速度有限制吗？快速育种旨在优化和整合影响植物生长和繁殖的参数，减少传代时间以及观察表型所需的时间，特别是那些在发育后期出现的表型。我们如何定制快速育种，以满足不同作物、品种和表型的具体要求？

打破种子休眠是提高育种速率的第一步。在许多物种中，母体植物在胚胎发育过程中使种子处于休眠状态。种子的休眠可以在收获后通过冷分层被立即打破，即种子在低温下吸水或使用促进发芽的激素，如赤霉素。在开花后第14 d提早收获小麦和大麦种子，然后进行3 d的干燥和4 d的冷分层，使其休眠状态被打破，并与收获成熟种子相比减少大约15 d的生产时间。类似的方法也应用于小扁豆，通过胚胎拯救甚至可以实现更早的收获。从开花后12 d开始，经过2～3 d的培养，发芽率可达100%。这种方法避免了种子的干燥和分层，至少缩短了8 d的生产时间。

始花期也可以提前。有些植物需要长时间的冷处理（春化）来调节向始花期的过渡，如冬小麦品种需要6～12周。调控春化的分子成分在许多植物中都是已知的。瞬时地操纵这些控制点——例如，通过下调中央调控器VERNALISATION 2——可能会导致“快速春化”的发展。

在植物生长的关键阶段，通过提高温度可以加速植物的生长。高温会导致水汽不足，阻碍植物生长和花粉发育；然而，当允许的水汽水平保持不变时，营养生长和衰老的速度可以加快。这一点已在玉米中得到证实，尽管植物在最低（夜间）温度偏高时容易导致籽粒产量大幅下降。当植物的温度敏感性已知时，可以在适当的生长阶段用高温进行干预以加速生长。在面包小麦中，发现粮食产量下降的温度敏感期发生在减数分裂时期。因此，在其营养生长时可以使用高温，而在生殖生长阶段可以保持低温来维持籽粒的发育。

优化日照时长和光照质量可以缩短育种时间。日照时长和光照质量的变化可以促进植物生长。长日照促进日中性或长日照植物的生长，而光合作用优化后的光照质量可提高初级产量。红光与蓝光的比值对开花来说也很重要，在小麦中，粉红光诱导开花最早，红光与蓝光的比值约为1。现有的快速育种系统的一个特点是使用LED来改善光照质量并降低运营成本。相反，激光可以被用来进一步降低成本，因为它具有更高的电转换效率，40%～60%的能量被转换成光，这取决于光的颜色。除了促进增长和增加能源投入的回报外，激光还可以在生长箱或温室外产生，在温室内发射，然后散布到植物上，从而消除了使作物在受控环境下进行研究代价高昂的大部分冷却成本。在这些条件下生长的拟南芥与在冷白色荧光灯下生长的相比，表现出与光和辐射胁迫相关的某些蛋白的表达减少。因此，使用这种方法可以应用更高的光子辐照强度，对植物的损伤更小。

土壤历来是成功的植物培育的基础。然而，水培生长系统允许更优化的营养成分和更快的吸收效率，同时保持根系生长的最佳有氧条件。尽管有这些潜在的好处，但必须注意优化营养供应，从而避免不良影响，如叶子不衰老和成熟不同步。

提高二氧化碳浓度可以增加植物的光合能力来提高生产力。增加二氧化碳还会提高光合作用的其他重要输入（如光照强度和质量）的饱和阈值，并通过减小气孔孔径来抵消高温导致的水分损失。同样，要实现二氧化碳升高的积极作用，可能需要优化水和营养供应。因此，在这类投入方面不受限制的水培系统可以释放植物的全部生长潜力。

根据使用的目标（快速生长周期、快速杂交或快速表型分析）和植物种类，需要对参数进行权衡优化。

对某些作物来说，由于对延长的日照时间敏感或额外的光照不能加速其生殖成熟，无法实现快速育种和与其他育种技术的结合。例如，番茄对恒定的光照很敏感，但是研究人员已经发现了一种番茄基因，这种基因使番茄能够耐受恒定的光照，并且在转入在快速育种条件下可生长的品种中后，其果实产量提高了20%。同样，遗传或环境解决方案允许对其他难以驯化的作物进行快速育种，如短日照的物种（如玉米）和两年生物种（如甜菜）。创新如使用海水的蒸发冷却系统、半透明的太阳能电池板、选择性地传输可促进植物生长的波长，以及更高效的照明系统（如激光），可以降低快速育种的成本，使其更进一步发展并更广泛使用。在过去的100年里，植物育种带来了高产作物，维持了人口的增长。利用一系列现代育种技术开发下一代作物品种，将在未来几十年中满足人口进一步增长的需求。

四、美国科学院公布2030年农业技术突破的五大方向

2019年，美国国家科学院出版社出版了美国国家科学院、工程院和医学院组织编写的题为“Science breakthroughs to advance food and agricultural research by 2030”的研究报告。报告在研究分析美国粮食和农业系统面临的挑战，包括作物、畜牧业、食品科学与技术、土壤、用水效率和生产力、数据科学、系统方法等方面面临的挑战、机会、差距、成功的障碍等方面基础上，提出了到2030年食品和农业科学技术突破的五大方向。

该研究团队认为，近一个世纪以来，科学进步推动了美国农业的进步，使美国生产商能够在国内提供安全丰富的食品，并在散装和高价值农产品和食品方面提供贸易顺差。今天，美国食品和农业企业面临着巨大的挑战，这些挑战将考验其长期的可持续性、竞争力和复原力。在目前的道路上，美国农业系统的未来生产力可能会带来权衡取舍。农业的成功与自然系统息息相关，而这些系统正显示出压力的迹象，随着气候变化的加剧，压力更是如此。例如，缺水、天气多变性增加、洪水和干旱使农业生产面临压力。超过1/3的粮食未

被消费，在全球粮食需求增加之际，粮食和营养物质的损失令人无法接受。增加食用动物产量以满足更大的需求将产生更多的温室气体排放和过量的动物粪便。美国的食品供应总体上是安全的，但不能幸免于食源性疾病持续爆发的高昂代价和致命的冲击，也不能幸免于害虫和病原体对农作物、牲畜和家禽的持续威胁。美国农民和生产者处于第一线，需要更多的工具来减轻他们面临的压力。

在未来10年中，美国食品和农业企业的压力不太可能通过农民、市场、投入供应商或当前的公共和私营部门研究工作来解决。问题的复杂性在于有些是生物的和物理的，有些是人为的，食品系统庞大、复杂且相互关联，具有许多相互依存因素的棘手问题，使其难以定义或解决 。这将需要一种完全不同的方法来理解和发现解决方案，而这些解决方案只有在超越食品和农业学科的传统界限进行探索时才能找到。

报告确定了使美国食品和农业系统更高效、更有弹性和更可持续的创新、新兴科学进步。由美国国家科学院、工程院和医学院任命的一个特设研究委员会，探索所有学科中相对较新的科学发展的可用性，这些发展可以加速实现这些目标的进展。委员会确定了最有希望的科学突破，这些突破可能对农业领域产生最大的积极影响，并且有可能在未来10年(到2030年)实现。本报告总结的机遇突出了食品和农业科学在面向未来创新方面的新方法。

基于以上认识，该研究团队认为，未来10年，食品和农业研究的主要目标包括提高食品和农业系统的效率、提高农业的可持续性和提高农业系统适应快速变化和极端条件的复原力。这些目标源于食品和农业科学家确定的关键研究挑战的共同性质，其中包括以下内容：高作物生产系统的养分利用效率；减少土壤流失和退化；增加遗传多样性，促进作物改良；优化农业用水；改善动物遗传学；开发精准畜牧生产系统；及早发现和预防动植物疾病；早期和快速检测食源性病原体；减少整个供应链中的粮食损失和浪费等。

该研究团队认为，过去，出于与实用性和更易于管理有关的原因，在确定的空间或学科中检视问题更为常见，这种方法在解决需要特定领域知识的不同问题方面是有效的。今天，解决最具挑战性的问题要求融合不同的研究方法来提升科技企业的能力。2014年美国国家研究委员会的报告《融合：促进生命科学、物理科学、工程等的跨学科整合》将融合描述为一种跨越学科界限的问题解决方法，整合了来自生命和健康科学、物理、数学和计算科学、工程学科等方面的知识、工具和思维方式，形成一个全面的综合框架，以应对存在于多个领域界面的科学和社会挑战。

这意味着专业领域交叉融合可以刺激基础科学发现和转化应用的创新。食品和农业研究需要扩大专业方向，以利用数据科学、材料科学和信息技术的进步。此外，整合社会科学（如行为科学和经济学）以正确构建问题及其解决方案至关重要，因为食品和农业系统既是生物物理系统，也是人类系统。

研究委员会确定了五个突破性机会，可以显著提高食品和农业科学的能力。接下来的建议将需要改变研究界的工作方式，每项突破的举措都需要强有力的支持。

（一）跨学科研究和系统方法

突破1：可以利用一种系统方法来了解粮食和农业系统不同要素之间相互作用的性质，以提高整体系统的效率、复原力和可持续性。

只有当科学界开始更有条不紊地将科学、技术、人类行为、经济和政策纳入生物物理和经验模型时，才能在实现主要目标方面取得进展。例如，有必要将采用新技术、做法、产品和加工创新的速度和决定因素纳入食品和农业系统模式。需要这种方法来适当量化资源使用、市场效应和反应的变化，并确定科学和技术突破可以实现的效益。考虑这些系统相互作用对于找到威胁我们安全和竞争力的粮食和农业挑战的整体解决方案至关重要。

建议1：应优先考虑跨学科科学和系统方法，以解决农业中最棘手的问题。解决农业中最具挑战性的问题需要趋同和系统思维，如果没有这两者，持久的解决办法可能无法实现。需要促进跨学科的基于问题的合作（团队科学），因为对于某些人来说，他们很难被吸引到专业领域之外的科学领域。这种转变将要求参与者学会在跨学科团队中工作。要吸引和使来自不同学科的研究人员在食品和农业问题上有效合作，就需要支持合作的激励措施。使用趋同方法还将促进新的合作，这些合作是在独立学科中工作的研究人员所不能参与的。跨学科的基于问题的合作将使新的或多样化的利益相关者和合作伙伴能够参与进来，并使食品和农业部门受益。领导力是使团队科学成功的关键，因为科学总监需要一套独特的技能，包括对不同观点的包容，也许最重要的是，将人们团结在一个共同使命周围的才能。这些品质对科学家来说并不总是自然的，因此提供专业发展机会以培养跨学科模式的领导力至关重要。

在食品研究计划中，关于可持续农业系统的拨款具有相对较大的预算，可以支持融合团队科学。然而，许多需要“跨学科”方法的标准资助没有提供足够的资金来支持团队科学，因此仍然缺乏跨学科科学的激励措施。为了使融合真正富有成效，需要财政激励措施来鼓励资助申请人走出他们的舒适区，并在来自不同领域的主题专家之间建立深厚的联系。

(二)传感技术

突破 2:精确、准确、可现场部署的传感器和生物传感器的开发和验证将实现各种食品和农业学科的快速检测和监测能力。从历史上看,传感器和传感技术已用于食品和农业领域,为某些感兴趣的特征(如温度)提供点测量,但同时连续监测多个特征的能力是了解目标系统中发生什么以及如何发生的关键。材料科学、微电子学和纳米技术的科学和技术进步有望创造新型纳米和生物传感器,以连续监测环境刺激以及生物和非生物胁迫的条件。下一代传感器还可能彻底改变在植物和动物出现症状之前检测疾病的能力,在人类病原体进入食品分销链之前识别它们的能力,以及近乎实时地监测和做出决策的能力。

建议 2:制定举措,更有效地利用现有传感技术,并在粮食和农业领域开发新的传感技术。这些举措将导致整个食品和农业系统的跨学科研究、开发和应用。传感器的属性(例如,形状、大小、材料、原位或植物、移动、有线或无线、可生物降解)将取决于传感器的用途、应用、持续时间和位置。例如,原位土壤和作物传感器可以提供连续的数据馈送,并可以在土壤中的水分含量和植物的膨胀压力低于临界水平时提醒农民,以启动对一组植物的特定地点灌溉,从而消除灌溉整个田地的需要。同样,在植物中,传感器可以量化由害虫或病原体引起的植物生化变化,发出警报并使生产者能够在侵扰发生或可见损害之前计划和部署即时的现场特定控制策略。食品的生物传感器可以指示产品掺假或变质,并可以提醒分销商和消费者采取必要的行动。

(三)数据科学与食品和农业系统信息学

突破 3:数据科学、软件工具和系统模型的应用和集成将使管理食品和农业系统的高级分析成为可能。虽然食品和农业系统收集了大量数据,但没有合适的工具来有效利用这些数据。研究实验室和实地产生的数据一直以不连接的方式维护,从而无法从其整合中产生见解。数据科学和分析的进步和应用已被强调为提升食品和农业研究以及知识应用的重要突破机会。更快地收集、分析、存储、共享和集成高度异构数据集的能力将创造机会,极大地提高我们对复杂问题的认识,并最终广泛形成近乎实时的数据驱动管理方法。

建议 3:制定举措,培育新兴的食品与农业系统信息学领域,并促进信息技术、数据科学和人工智能在粮食和农业研究中的应用和发展。最大限度地利用从大型研究数据集中获得的知识和效用,需要战略性努力,在粮食和农业系统中提供更好的数据访问、数据协调和数据分析。需要解决处理跨空间和时间高度异构的海量数据集的挑战。需要建立数据标准,并且需要使大量数据更易于查找、互相操作和可重用。有必要提高数据处理速度，开发快速评估数据准确性的方法，并为食品和农业系统信息学能力的发展和传播提供支持，包括在动态变化的条件下对实时应用进行建模的工具。

区块链和人工智能，包括机器学习算法，是有前途的技术，可满足尚未完全开发的粮食和农业系统的独特需求。开发先进的分析方法，例如用于自动快速表型分析的机器学习算法，将需要更好的平台来研究食品系统中各种组成部分如何相互作用。应用这些方法将需要对容纳大量记录的基础设施进行投资，并需要一种将这些记录整合并有效用于决策目的的手段。需要汇集许多学科的专业知识，才能发挥这些技术的潜力。

(四)基因组学和精准育种

突破 4:对农业重要生物进行常规基因编辑的能力将允许精确和快速地改善对生产力和质量至关重要的性状。基因编辑在基因组学、转录组学、蛋白质组学和代谢组学的最新进展的帮助下，有望加速育种，以在植物、微生物和动物中产生性状，从而提高效率、复原力和可持续性。使用组学技术比较数百种基因型可以加快等位基因的选择，以提高生产力和营养价值，增强抗病或抗旱性和适口性。例如，对番茄代谢组进行有效修饰，可以提高营养价值和增强抗病性；通过有效靶向猪基因组，可以成功引入猪繁殖和呼吸综合征病毒的抗性。这种能力为驯化新作物和土壤微生物、开发抗病牲畜、控制生物体对压力的反应以及挖掘生物多样性以获取有用基因打开了大门。

建议 4:制定倡议，利用基因组学和精准育种，从基因上改善农业重要生物的性状。作物和动物的遗传改良计划是农业可持续性的重要组成部分。随着基因编辑技术的出现，有针对性的遗传改良可以应用于植物和动物改良，这是传统修饰方法无法实现的。通过将基因组信息、先进的育种技术和精确育种方法纳入常规育种和选择计划，有机会加速遗传改良。鼓励接受和采用其中一些突破性技术，需要从社会科学以及相关的教育和与生产者和公众的沟通工作中获得洞察力。基因编辑可用于扩大从野生近缘种引入作物的等位基因变异，并去除不良连锁性状，从而增加育种计划中可用的遗传变异的价值。同样，通过基因编辑工具在作物中引入必需的微量营养素或其他与质量相关的性状，为提高食品质量、延长保质期、增强营养、减少粮食损失和食物浪费提供了机会。这些技术同样适用于食用动物，遗传改良的可能目标包括提高生育能力、去除过敏原、提高饲料转化率和抗病性等。

(五)微生物组技术

突破 5:了解微生物组技术与农业的相关性，利用这些知识来提高作物产量,提高饲料效率,并提高对压力和疾病的抵御能力。关于人类微生物组研究的新兴报道提供了关于常驻微生物对我们身体健康影响的诱人报告。相比之下,对农业中的微生物组(动物、植物和土壤)的详细了解明显更加重要,即使它们的功能和关键作用已经在基本层面上得到认可。更好地了解土壤、植物和动物微生物组之间的分子水平相互作用,可以通过改善土壤结构、提高饲料效率和养分可用性以及增强对压力和疾病的抵御能力来彻底改变农业。随着用于探测农业微生物组的工具越来越复杂,未来 10 年的研究有望使其在农业生产力和弹性中的作用越来越清晰。

建议 5:制定举措,增进对动物、土壤和植物微生物组及其在整个食品与农业系统中更广泛应用的了解。跨学科努力的重点是更好地了解各种农业相关微生物组以及它们之间的复杂相互作用,这将为修改和改善食品和农业连续体的许多方面创造机会。例如,了解动物体内的微生物组有助于更精确地定制营养配方并提高饲料效率。了解哪些微生物或生物群可以防止感染可以降低疾病发病率及严重程度,从而降低损失。在植物科学方面,正在建立研究重点,重点是设计各种微生物组,以促进更好的疾病控制、抗旱和提高产量。表征土壤和植物微生物组之间的相互作用至关重要。土壤微生物组负责作物生产力所需的碳、氮和许多其他关键养分的循环,并执行其他几个关键的生态系统功能,这些功能在很大程度上受到气候变化的影响。加强对基本微生物组成分及其在养分循环中的作用的了解,对于确保全球作物可持续生产可能至关重要。

研究委员会认为,这些重点方向可以成长为新的科学发展。虽然这些研究方向有重点目标,但它们在研究挑战方面的更广泛目标是相互关联的,可以协同追求。委员会也认为仅靠科学突破无法改变粮食和农业研究,因为还有其他因素有助于食品和农业研究的成功。这些因素包括研究基础设施、资金和科学劳动力。其他考虑因素包括各种方法的社会、经济和政治结果。

在结语中,专家委员会认为,在这个历史的关键时刻,全球人口不断增长,对日益脆弱的自然资源基础的需求越来越大,现在比以往任何时候都更需要食品和农业的科学突破。作为世界上最大的农业生产国,美国肩负着实施科学进步以支持国家的福祉和安全,甚至全球稳定的巨大责任。美国科学事业愿意挺身而出应对这些挑战。

五、对我国未来农业技术的发展思考

在研究分析发达国家政府农业科技支持政策和科学的研究成果的基础

上，结合当前我国农业科技的现状，我认为，除学习借鉴外，我们国家农业科技发展还需要加强以下工作。

第一，加快建立中国特色的更高效率的创新体系，需要解决好创新的思想理论建设问题，也即要解决好“道”与“术”的统一性问题。不难看出，发达国家的技术发展方向更多的是解决好“术”的创新和效率方面问题，以提高研究效率和生产效率，从整体性、系统性解决问题的方案少。中国“易经”哲学观念的核心是整体性、系统性和辩证性，如何运用这些哲学思想指导我们的科技创新，解决好科技创新的世界观问题，是我们需要共同努力的。从美国国家科学院公布的未来农业科技发展的第一个突破方向“跨学科研究和系统方法”来看，美国农业科技正在构建新的农业科技范式，这也是对我们当前重大原始创新不足的重大挑战。

第二，解决好目标导向的问题导向。目标导向和问题导向是一个整体，问题导向是目标导向下的问题导向，而不应是目标外的问题导向。从当前的研究现状看，很多学者的问题导向并不是产业的目标导向，或重大科学基础问题的关键科学问题导向，而是自己坐在办公室构思的问题导向，这也是我国农业科技成果转化率低的根本原因，也是国际论文发了很多，真正突破性的成果少的根本原因。

第三，加快构建适应整体性、系统性、跨学科研究的学科组织和相应的科技基础设施。政府要求学科融合、开展跨学科研究很多年了，但一直进展不大，核心是缺少具有跨学科理解力的领军人才或战略科学家，这需要从制度和政策上加以解决，以加快科技队伍组织创新，适应更加复杂的科学与技术问题的解决。同时，跨学科研究需要系统的基础设施和装备支持，科技主管部门的决策支持很重要。

参考文献

白金山,2017.“一带一路”背景下我国农业国际合作前景[J]. 中国党政干部论坛,347(10):59-62.

蔡亚庆,陈瑞剑,仇焕广,2011. 农业对外经济合作国际经验及其对中国农业“走出去”的启示[J]. 世界农业,391(11):46-50.

陈印军,肖碧林,方琳娜,等,2011. 中国耕地质量状况分析[J]. 中国农业科学,44(17):3557-3564.

程锋,王洪波,郧文聚,2014. 中国耕地质量等级调查与评定[J]. 中国土地科学,28(2):75-82,97.

崔贵芹,王健,赵宪军,2007.荷兰农业产业化经营对我国农业发展的借鉴[J].商场现代化(9):26-27.

杜洪燕,陈俊红,龚晶,等,2018. 国内外乡村振兴典型案例分析与经验借鉴[J]. 政府治理评论,3(1):3-13.

杜金沛,2011. 农业科技创新主体的国际比较及其发展的主流趋势[J]. 科技进步与对策,28(11):19-22.

段莉,2010. 典型国家建设农业科技创新体系的经验借鉴[J]. 科技管理研究,30(4):23-28.

范建,2005. 国家农业科技创新体系建设势在必行[N]. 科技日报,(2005-01-18).

方舒玫,2016. 科技创新驱动发展厦门市现代都市农业[J]. 厦门科技,128(4):5-9.

关振国,2018. 紧紧抓住乡村振兴的“牛鼻子”[J]. 人民论坛,610(29):56-57.

郭久荣,2006. 以色列农业科技创新体系及对中国农业科技发展的启迪作用 [J]. 世界农业(7):39-42.

郭久荣,2007.以色列农业科技创新体系的保障机制[J].新农村(3):28.

郭立群,2018. 农村妇女营养健康水平评价体系及模型研究[D]. 北京:中国农业大学.

国家科学技术委员会,1996. 世界科技发展述评[R]. 北京:国家科学技术委员会.

何传启,张凤,2001. 知识创新[M]. 北京:经济管理出版社.

胡瑞法,梁勤,黄季焜,2009. 中国私部门农业研发投资的现状和变化趋势[J]. 中国软科学(7):28-34.

胡瑞法,时宽玉,崔永伟,等,2007. 中国农业科研投资变化及其与国际比较[J]. 中国软科学(2):53-58,65.

胡元聪,王俊霞,2013. 科技创新正外部性的经济法激励探讨[J]. 科技与经济,26(5):26-30.

黄季焜,胡瑞法,2000a. 农业科技投资体制与模式:现状及国际比较[J]. 管理世界

(3):170-179.

黄季焜,胡瑞法,2000b. 农业科研体制的国际比较[J]. 农业科研经济管理(1):4-7.

黄俊,2011. 对我国农业科技创新体系建设若干问题的思考:美国农业科技创新体系的启发与借鉴[J]. 农业科技管理,30(3):1-3,19.

姜铁民,李宁,2004. 科技、教育在以色列的地位[J]. 国际人才交流(2):28-31.

蒋建科,2018. 我国农业科技进步贡献率达 57.5%[N/OL]. (2018-09-26)[2020-05-23]. http://scitech. people. com. cn/n1/2018/0926/c1007-30312979. html.

孔箐锌,陈阜,2010. 我国农田污染现状与防治对策[J]. 农业工程技术(新能源产业),408(4):23-26.

李干琼,许世卫,2005. 以色列农业科技・农民培训及科技政策研究[J]. 安徽农业科学(10):1950-1952,1993.

李维生,2008. 发展我国现代农业的一条必由之路:论建设多元化农业技术推广服务体系[J]. 山东社会科学(1):113-118.

李艳华,2009. 美国农业科技创新体系建设及对中国的启示[J]. 世界农业(4):18-20

刘焕菊,2000. 增强我国农业科技创新能力的对策研究[J]. 农业科技管理(2):26-28.

刘文博,张陆彪,冯东昕,等,2014. "地平线 2020"计划框架下中欧农业科技合作的机遇与挑战[J]. 世界农业,422(6):6-9,23.

刘娅,2006. 若干国家支持农业科技创新的共性特征及启示[J]. 世界科技研究与发展(4):102-107,101.

柳伯力,2012. 休闲、休闲研究与健康生活方式[J]. 四川体育科学,137(1):73-76.

陆献峰,2018. 德国乡村振兴与森林康养的启示[J]. 浙江林业(9):40-41.

罗青,2017. 中保农业科技合作的实践与思考[J]. 全球科技经济瞭望,32(8):66-72.

农业部,2017. "十三五"农业农村科技创新专项规划[J]. 农业工程技术,37(18):15-27,29.

农业部,科学技术部,财政部,等,2007. 关于印发《国家农业科技创新体系建设方案》的通知[EB/OL]. (2007-04-09)[2020-05-28]. http://www. gdbb. gov. cn/detail. jsp? infoid=4710

农业部. 农业部关于印发《全国农产品加工业与农村一二三产业融合发展规划(2016—2020 年)》[EB/OL](2016-11-17)[2020-05-29]. http://www. moa. gov. cn/gk/ghjh_1/201611/t20161117_5366803. htm

农业农村部科技教育司,2018. 中国农业农村科技发展报告(2012—2017)[M]. 北京:中国农业出版社.

屈四喜,徐玉波,2009. 不断发展变化的美国农业合作社[J]. 世界农业(1):13-15.

"四川省实施乡村振兴战略研究"课题组,李晓,赵颖文,等,2017. 强化科技引领 实现产业兴旺[J]. 四川农业科技,363(12):5-7.

孙站成,梅方竹,2005. 关于构建区域农业科技创新体系的思考[J]. 农业科技管理(4):6-9.

覃肖响,王树进,2006. 我国农业科技创新体系问题的本因分析[J]. 科技与经济(3):32-35.

万宝瑞,2012. 科技创新:中国农业的根本出路[J]. 求是,582(17):35-37.

万宝瑞，2013. 当前农业科技创新面临的问题与建议[J]. 湖南农业科学，313(10)：1-5.

王传荣，钱乃余，2001. 发达国家农业推广工作的经验与启示[J]. 农业经济(6)：46-47.

王红玲，柏振忠，2004. 世界农业科技服务体系比较与借鉴[J]. 科技进步与对策(12)：76-78.

王建明，2010. 发达国家农业科研与推广模式及启示[J]. 农业科技管理，29(1)：48-51.

王志刚，2018. 走创新驱动乡村振兴发展道路[J]. 智慧中国，32(8)：29-31.

魏勤芳，2002. 美国农业科技体系及运行机制[J]. 中国农业科技导报(2)：34-37.

吴海峰，2018. 乡村产业兴旺的基本特征与实现路径研究[J]. 中州学刊，264(12)：35-40.

杨易，于敏，姜明伦，2013. 从农业国际合作视角看我国农业科技创新[J]. 科技进步与对策，30(9)：75-79.

杨正礼，2006. 中国农田污染评价与防治道路探究[J]. 中国农学通报(9)：415-419.

詹吉英，顾孟迪，李干琼，2005. 发达国家农业科技发展比较研究及对我国的启示 [J]. 安徽农业科学(11)：2178-2180.

张德远，吴方卫，2004. 国外农业科研领域中公共部门与私人部门的合作[J]. 农业经济问题(1)：72-76.

张家明，2011. 发达国家在科技创新体系建设上的经验及启示[J]. 生产力研究(5)：146-148.

张晓妮，2011. 中美农业知识产权保护制度的比较[J]. 全国商情(理论研究)(6)：100-102.

张云华，2017. 中美农业基础竞争力对比与建议(上)[N]. 中国经济时报，2017-05-09(005).

张云华，2017. 中美农业基础竞争力对比与建议(下)[N]. 中国经济时报，2017-05-10(006).

中共中央 国务院，2018. 乡村振兴战略规划(2018－2022 年)[EB/OL]. (2018-09-26)[2020-05-21]. http://www.gov.cn/gongbao/content/2018/content_5331958.html.

中华人民共和国科学技术部，2018. 中共科学技术部党组关于创新驱动乡村振兴发展的意见 [EB/OL] . (2018-08-23) [2020-06-02] . https://www.most.gov.cn/xxgk/xinxifenlei/fdzdgknr/fgzc/gfxwj/gfxwj2018/201808/t20180823_141384.html.

Galanie S, Thodey K, Trenchard I J, et al., 2015. Complete biosynthesis of opioids in yeast [J]. Science, 349(6252): 1095-1100.

Hickey L T, N Hafeez A, Robinson H, et al., 2019. Breeding crops to feed 10 billion [J]. Nature Biotechnology, 37: 744-754.

Humpender F, Bodirsky B L, Weindl I, et al., 2022. Projected environmental benefits of replacing beef with microbial protein[J]. Nature, 605: 90-96.

NSF, 1993. Science&Engineering Indicators[R]. National Science Foundation, 1998.

Pardey P, Alston J, Piggott R, et al., 2006. Agricultural R&D in the developing world: too little, too late? [J] American Journal of Agricultural Economics, 85(3): 692-697.

后　记

接到研究任务后，团队深感任务重大，大家以对国家负责，对我国农业科技发展负责的态度，认真开展研究工作，努力为国家农业农村科技规划研制打下坚实基础。在认真研究任务和征询专家意见的基础上，我负责对研究任务进行了分解，并对任务和人员分工进行了安排。任务由七个部分组成，即任务一新时代乡村振兴愿景和科技需求研究，任务二我国农业农村科技工作"四梁八柱"结构和功能研究，任务三新时代农业农村科技工作战略方针、战略任务和实现路径研究，任务四农业科技发展重点方向研究，任务五农村现代化科技重点方向研究，任务六农业农村现代化科技国际比较和合作研究，任务七科技支撑乡村振兴战略的政策创新研究。王涛教授、司伟教授团队负责任务一研究工作；王涛教授团队负责任务二、任务三的研究工作，参加人有中国农业大学陈源泉教授、杨富裕教授、田见晖教授、杜太生教授，北京市农林科学院信息技术研究中心杨信廷研究员、中国农业机械化科学研究院吕黄珍研究员等；田见晖教授团队负责任务四的研究，参加人有杨富裕教授、倪中福教授、杜太生教授、董江丽教授、孙龙清教授等；孔祥斌教授负责任务五的研究工作；白军飞教授负责任务六的研究工作；黄光群教授负责任务七的研究工作，参加人有北京市农林科学院信息技术研究中心杨信廷研究员、中国农业机械化科学研究院吕黄珍研究员等。研究团队中有一批研究生参加了研究工作。在研究"十四五"和中长期农业农村科技规划过程中，我对未来技术进行了专门研究，研究成果并入本书，期望对农业科技工作者有所帮助。

研究工作前期、中期和后期，针对一些重大问题，研究团队组织研讨会向中国农业科学院、中国科学院、先正达北京创新中心等单位专家请教，受益匪浅。

研究过程中得到科技部农村司兰玉杰司长、蒋丹平副司长等领导的支持指导。